Y RHYL A'R CYFFINIAU

Golygydd:
H. Desmond Healy

Dryw

Hawlfraint © Llyfrau'r Dryw 1985

Cyhoeddwyd gan
Christopher Davies (Cyhoeddwyr) Cyf
Heol Rawlings, Llandybïe
Dyfed SA18 3YD

ISBN 0 7154 0660 4

Argraffwyd gan
Wasg Salesbury Cyf
Llandybïe, Rhydaman
Dyfed

Dymuna'r cyhoeddwyr gydnabod cymorth Adran Olygyddol a
Chyhoeddusrwydd y Cyngor Llyfrau Cymraeg a noddir gan
Gyngor Celfyddydau Cymru.

Cynnwys

Rhagair

Mae golygydd unrhyw gyfrol debyg i hon hyd ei glustiau mewn dyled i amryw byd o bobl. Felly fy nyletswydd gyntaf i wrth agor drws y llyfr i'r darllenydd yw manteisio ar y cyfle i gydnabod fy niolch a'm gwerthfawrogiad i bawb a ymatebodd mor barod ac mor hynaws i'r gwahoddiad a rois iddynt i "ysgrifennu pwt". Heb eu cymorth ni fyddai'r gyfrol, y bumed yn y gyfres, wedi ei llunio na'i llenwi.

Diolchaf hefyd i Wasg Gee a'r Prifardd Gwilym R. Jones am ganiatâd i gyhoeddi'r gerdd "Dyffryn Clwyd". Bu Ellis Wynne Williams a Chymdeithas Emrys ap Iwan Abergele, yr un mor barod i ganiatáu i mi ddethol a chyhoeddi rhannau o'r erthygl gynhwysfawr ar Emrys ap Iwan a ymddangosodd mewn llyfryn a gyhoeddodd y Gymdeithas rhyw dair blynedd yn ôl. Cytunodd Gorsedd y Beirdd i mi ailgyhoeddi erthygl y Parchedig Emyr Roberts o lawlyfr yr Orsedd, 1984, a bu Mr Meirion Roberts, cynllunydd y map darluniadol, a Mr Osian Wyn Jones, Trefnydd yr Eisteddfod Genedlaethol yn y Gogledd, mor hynaws a chaniatáu i mi ddefnyddio'r gwaith hwnnw yma. Rhoes Archifydd Clwyd a swyddogion y Llyfrgell Genedlaethol rwydd hynt i mi ddangos ambell lun. Diolchaf yn gywir iawn am y fath gydweithredu hyfryd. Diolch i'r ffotograffwyr eraill hefyd am ganiatâd i gyhoeddi eu lluniau.

Bu Gwasg Christopher Davies, Llandybïe, mor ofalus a chyfrifol ag erioed wrth ddwyn y gyfrol i olau dydd. Mawr yw fy nyled a'm diolch iddynt hwythau.

Hyderir y bydd y gyfrol, fel ei rhagflaenwyr yn y gyfres, yn codi cwr y llen ar gyfoeth ein hetifeddiaeth yma ym Mro'r Eisteddfod yn y Rhyl a'r Cyffiniau.

H. Desmond Healy

Dyffryn Clwyd

Gwilym R. Jones

Yn Nyffryn Clwyd 'r wy'n byw,
Eden werdd Prydain yw:
Mor lân ei lun yw 'nyffryn i!
Mae ôl y Garddwr Mawr
Ar glai Cymreig ei lawr,
A'i Afon Ef fydd Clwyd pan fyddo'n llon ei lli.

Yn Nyffryn Clwyd mae gwig
Las ei bron, lwys ei brig,
Lle cân y gog ei phrolog ffraeth.
Mor fwyn ei wanwyn o
Bryd hau ar fryniau'r fro
Pan ddawnsia'r ŵyn a phan fo'r llwyn yn wyn fel llaeth.

I lendid Dyffryn Clwyd
Daw yr haf gyda'i rwyd,
A haul y nef a lawenhâ!
A heddiw lliw y llwyn
Yw mêl yr hydref mwyn,
A'r ddaear fyw a rydd hoen Duw i ddyn a da.

Yn Nyffryn Clwyd mae rhin
I'n bywháu ym mhob hin,
Ond byr a brau yw dyddiau dyn.
Rhyw ddydd o'i ddolydd ef
Yn drwm yr af i dref,
A'i fron fydd yn obennydd braf i'm holaf hun.

Hanes Bro'r Eisteddfod

Ellis Wynne Williams

Y nodwedd amlycaf sy'n rhoi unoliaeth i fro Eisteddfod 1985 yw mai tua'r môr y mae ei gogwydd. Er ei bod yn cynnwys ucheldir a thraeth a dyffryn, i un cyfeiriad y rhed ei dyfroedd sef i'r gogledd — i Afon Clwyd a Môr Iwerddon. Ar ddiwrnod olaf yr Ŵyl Genedlaethol yn y Rhyl ym 1863 yr oedd llywydd y dydd, yr Anrhydeddus R. T. Rowley, A.S., Bodrhyddan yn ei anerchiad (Saesneg) wedi gweld yn dda gyfeirio at hynafiaethau a hen hanes yr ardal gan sylwi ar y cyfnewidiadau mawr a ddigwyddasai. Gofynnai tybed beth ddywedai eu hynafiaid pe codent o'u hir hun a gweld y wlad wedi ei gorchuddio â mantell o gaeau eurwisg a'r trenau yn rhedeg trwy ardaloedd lle gynt y bu trychinebau mawr a gorlifiadau môr. Gwell cyfleusterau teithio a wnaeth y gwahaniaeth ac yr oedd eto bethau gwell i ddod.

Diddorol yw sylwi beth a ddigwyddasai yn y Rhyl rhyw ddwy awr cyn i Rowley draddodi ei araith y bore hwnnw. Dyma ddiwrnod olaf yr Eisteddfod a'r mwyaf poblogaidd o'r cwbl. Y diwrnod hwnnw yr oedd y gystadleuaeth nofio i fod a mawr oedd y cyffro ynglŷn â'r achlysur.

Yr oedd yr Eisteddfod yn llygad ei lle yn rhoi sylw i'r môr. Hyd yn oed heddiw, er bod bro'r Eisteddfod ym 1985 yn ymestyn tu draw i fannau uchaf Hiraethog, mae'r rhan helaethaf o'r ucheldiroedd a'r dyffrynnoedd â'u gogwydd tua Môr y Gogledd. Môr Iwerddon yw cyrchfan Afon Clwyd a'i rhagafonydd Elwy, Aled, Chwiler, Ystrad a Meirchion, ac mae ugain milltir o'i draeth yn ymestyn o Dalacre yn y dwyrain hyd at Landrillo-yn-Rhos yn y gorllewin. I bwrpas llywodraeth leol

11

mae'r fro i gyd bellach yn perthyn i Gyngor Sir Clwyd. Cyn 1974 yr oedd y naill ran yn Sir y Fflint a'r rhan arall yn Sir Ddinbych.

Cyn goruchafiaeth Edward I ym 1282 yr oedd y fro yn rhan o wlad Gwynedd ac yn cynnwys tri chantref, sef Tegeingl, Rhos a Rhufoniog. Wedi dyfod y Normaniaid ym 1066 daethpwyd i adnabod y tri chantref fel y Berfeddwlad, sef y wlad rhwng Afon Conwy a diogelwch Eryri i'r gorllewin, ac Afon Dyfrdwy a'r ffin efo Lloegr i'r dwyrain. Ni bu'r Normaniaid yn hir cyn brasgamu o Gaer i lannau Clwyd, ac erbyn 1073 yr oedd ganddynt gastell tomen a beili yn Rhuddlan. Pan luniwyd y *Domesday Book* ym 1086 yr oedd rhannau helaethaf Tegeingl dan droed y Norman. Dywed y croniclydd mai'r hyn a welai wrth edrych dros Afon Clwyd tua'r gorllewin oedd anialwch Rhos a Rhufoniog.

Ond nid oedd y Berfeddwlad i aros yn nwylo Robert o Ruddlan a'i hil er iddo orchfygu'r glannau at Afon Conwy a chodi castell yn Neganwy. Daeth tro'r Cymry i ennill y dydd a sgubo'r gelyn yn ôl i Gaer. Am ddwy ganrif gyfan hyd 1282 un frwydr hir am oruchafiaeth ydoedd hi rhwng y Cymry a'r Saeson, a gwelodd y tir rhwng Rhuddlan a Deganwy lanw a thrai cyson rhyfel. Trechaf treisied, gwannaf gwaedded oedd hi.

Nid oedd gan drueiniaid y Berfeddwlad yn y dyddiau enbyd hynny gyfle nac awydd i ymddiddori yn hynafiaethau'r creigiau calch sy megis yn cwmpasu'r fro. Rhedant fel bwa o Landrillo-yn-Rhos trwy Landdulas, Abergele, Llan Sain Siôr, a Chefn Meiriadog hyd at Ddinbych, a'r ochr arall i Ddyffryn Clwyd ceir bwa arall o Fodfari trwy Ddiserth, Allt Melyd a Phrestatyn. Mewn ogofâu yn y creigiau hyn y bu pobl yr Oes Balaeolithig yn byw am oesoedd maith, ac nid oes gyfoethocach bro yng Nghymru i astudio eu gweddillion prin a gweddillion y creaduriaid gwylltion a fu yn gysylltiedig â'r ogofâu mewn cyfnodau cynnar cyn hanes. Gadawodd y mamoth, a'r teigrdant-sabr, y rhinoseros gwlanog a charw Llychlyn ddarnau o'u sgerbydau ar ôl yn gymysg ag offer carreg. Daeth ogofâu Cefn Meiriadog a'r Bont Newydd, ac ogofâu Cae Gwyn a Ffynnon

Beuno yn Nhremeirchion, a'r Gop yn Nhrelawnyd yn fyd-enwog. Mae ymchwiliadau'n parhau yn ogof Pont Newydd a chredir bod olion hynafiaid i ni yno yn dyddio o dros 100,000 o flynyddoedd yn ôl. Fel yr oedd yr Oesoedd Iâ yn dilyn y naill y llall rhwng cyfnodau pan oedd yr hinsawdd yn dynerach, felly y byddai'r trigolion prin hyn yn mudo yn ôl ac ymlaen ar eithaf ymylon gwareiddiad.

Erbyn Oes Newydd y Cerrig a dyfod o'r dyn Neolithig i'r wlad tua 2500 C.C. yr oedd pob rhewlifiant ar ben a'r tywydd yn dynerach. Bellach yr oedd lefel tir a môr yn debyg i'r hyn ydyw heddiw, er bod bro'r Eisteddfod wedi parhau i suddo i'r môr ar ôl hynny. Profir hyn gan olion boncyffion hen goed sydd i'w cael ychydig allan i'r môr yr holl ffordd o'r Rhyl i Lan-drillo-yn-Rhos. Ym 1926 wrth fôn un o'r coed daethpwyd o hyd i fwyell garreg o ffatri'r Graig Lwyd, Penmaen-mawr, yn perthyn i'r Oes Neolithig.

Gyda'r bobl hyn y cysylltir y siambrau claddu mawr a welir ar arfordir gorllewinol Cymru, o Ddyfed i Fôn, yn arbennig. Digon prin yw olion eu carneddau yma, a rhaid mynd i gyrion y fro, i Hendrewaelod, Glanconwy ac i Gapel Garmon i weld olion gwerth eu gweld. Credir bod y gladdfa yn Nhyddyn Bleiddyn, Cefn Meiriadog, yn perthyn i'r un cyfnod. Digon tlawd yw'r fro hefyd mewn meini hirion er bod rhes o'r rhain i'w gweld ym mynwent eglwys Llangernyw. Mae rhes hwy i'w gweld ym mynwent Gwytherin a cheir arysgrif o'r chweched ganrif ar un o'r meini.

Ar ôl y rhain daeth y gweithwyr metel cyntaf i'r wlad oddeutu 1800 C.C. Dyma Bobl y Bicer a oedd yn arfer claddu'r corff yn grwm mewn daeargell gydag arfau ac addurniadau a bicer yn ei ymyl. Methodd y rhain, yn ôl pob hanes, â chyrraedd y Berfeddwlad. Ond ar eu holau daeth carfan arall o bobl Oes y Pres a chanddynt gredoau ac arferion newydd. Hwy a fu'n codi'r carneddau sy'n britho ucheldiroedd y Berfeddwlad i gyd, gan adael ynddynt gyda llwch y meirwon rai o'u celfi bob dydd fel bwyeill, picellau, cleddyfau ac offer mwy heddychol megis celfi harnais a chrochanau. Ac yr oeddent yn ymsefydlu ymhellach o'r môr gan ddibynnu ar eu gyrroedd o ychen, defaid, moch a geifr.

13

Yr oedd aber Afon Clwyd yn agoriad i mewn i'r tir hefyd i'r masnachwyr a fyddai'n sicr o fod yn crwydro Môr Iwerddon o draeth i draeth. Yn ymyl Trelawnyd uwchben Prestatyn ac ym mhlwyf Gwaunysgor, y mae un o'r carneddau hynotaf yng Nghymru — y Gop. Dyma garnedd enfawr o gerrig, 350 o lathenni o gylch ei sylfaen a 46 troedfedd o uchder. Enw'r fan lle saif y garnedd yw Carn Ychan a'r tebyg yw mai enw gwreiddiol y Gop oedd Carnedd Hychan, sef bedd hen arwr o'r enw Hychan. Ni chafwyd prawf, er cloddio i'w chrombil, mai perthyn i Oes y Pres y mae, ond mae honno'n ddamcaniaeth fwy credadwy na'r traddodiad lleol mai dyma'r garnedd lle claddwyd Buddug yn y ganrif gyntaf. Yn yr unfed ganrif ar bymtheg pan oedd môr-ladron yn heidio yn y môr islaw, defnyddid y Gop fel gwylfa, a dyna mae'n debyg hefyd oedd diben y tyrau a godwyd tua'r amser hwnnw ar ben Gallt y Felin Wynt yn Abergele, uwchben Deganwy ac uwchben Chwit-ffordd.

Ond yn y Brenig, tu draw i Lansannan a'r Bylchau ac ar yr hen ffordd B4501 rhyw bedair milltir i'r de-orllewin o Nant-glyn, y cafwyd hyd i olion mwyaf toreithiog Oes y Pres. Heddiw mae yno gronfa ddŵr Llyn Brenig sy'n rheoli llif Afon Dyfrdwy. Perthyn yr olion hyn i'r ail fil o flynyddoedd C.C. Ym mhen uchaf dyffryn bach y Brenig yr oedd saith o garneddau mawr, yn ogystal â dwy arall o adeiladwaith gwahanol. Gydag un eithriad yr oedd olion amlosgi ynddynt oll. Ni adawodd yr hynafiaid hyn, y tybir iddynt fyw yn y Brenig rhwng 1700 C.C. a 1300 C.C., unrhyw hanes ysgrifen-edig ar wahân i hwnnw sy'n ysgrifenedig yn y cofadeiladau hyn sy'n gysylltiedig â'u parch i'r meirw ac â rhyw syniad tebyg i addoli. Y tebyg yw iddynt fyw yn is i lawr y dyffryn a dilyn crefftau amaethu — amaethu gyda'r hof — gan dyfu gwenith a haidd. Gofalent am eu preiddiau a mwynhau helwriaeth. Gwyddent am dyfu llin i wneud lliain a defnyddient wlân fel defnydd crai pob math ar wisg, yn gapiau, mentyll hirion, cotiau byrion a sgertiau. Gallent hefyd fod yn berchen sanau a throwsus. Ychydig iawn o greiriau a gafwyd yn gysylltiedig â'r claddu gan fod y bobl hyn â thybiaethau newydd am y bywyd tu hwnt i'r llen. Nid oedd parhad y corff yn rhan o'u cred ac felly doedd dim diben llenwi'r bedd â phethau'r bywyd hwn. Ac yr oedd y tir o boptu tarddle Afon Fechan yn lle gogoneddus i sefydlu mynwent. Mae golygfeydd digymar oddi yno — yr Wyddfa a'i chymheiriaid i'r gorllewin a Dyffryn Clwyd tua'r dwyrain. Tybed a siaradent iaith a oedd yn Geltaidd ei tharddiad? Tybed, hefyd, pa berthynas oedd rhyngddynt a'r bobl a gododd garneddau heb fod ymhell oddi wrthynt mewn lleoedd fel Cornwal (tua dwy filltir i'r deorllewin o Lansannan) ac yn Rhiwiau, Pen-y-cefn, (rhyw dair milltir i'r de-ddwyrain o Lansannan) ac ar Orsedd Brân (rhyw filltir a hanner allan o'r Bylchau ar ffordd Pentrefoelas)? Eto, tybed a oedd perthynas rhyngddynt a'r rheini a fu'n codi'r carneddau ar y gwastatir uchel sy'n ymestyn o Drelawnyd draw tua Chaerwys ac Afon Chwiler? Cafwyd olion y bobl hyn hefyd yn Llanrhaeadr — eithaf bro'r Eisteddfod tua'r de. Ond fel rheol pobl y topiau oeddynt.

Er mai prin iawn yw'r celfi yn y beddrodau ceir digonedd o offer o bob gwneuthuriad cywrain yn yr ardaloedd hyn, ac nid yw hyn yn beth i ryfeddu ato gan fod cynhyrchu'r pethau hyn o bres yn debyg o fod yn ddatblygiad pwysig yma. Daethpwyd o hyd i gasgliad helaeth o gelfi-harnais wrth odre hen Gaer Dinorben yn Llan Sain Siôr. Gwyddom fod tlysau aur hefyd o wneuthuriad cywrain yn cyfoethogi eu bywyd, tlysau wedi eu llunio yn Iwerddon, mae'n debyg. Yn yr Amgueddfa Genedlaethol yng Nghaerdydd mae gwddfdorch aur a gafwyd ym Mryn Seion, Caerwys.

Yn ystod y mil o flynyddoedd cyntaf C.C. daethai ton ar don o Geltiaid dros y môr o gyfandir Ewrop. Cyn eu dyfod hwy mae'n debyg bod iaith pobl Oes y Pres wedi disodli iaith y bobl Neolithig. Ond pan ddaeth y Celtiaid, eu hiaith hwy oedd i ddod yn iaith gyffredin Prydain. Yn gyntaf oll daeth cangen o'r teulu yn siarad Goideleg ar hyd traethau'r môr gorllewinol. Yna'n ddiweddarach o ogledd Ffrainc daeth teulu o Geltiaid yn siarad Brythoneg. Parhâi y rhain i ddod i Brydain a hwy yn y man a ddaeth â'r gelfyddyd o weithio mewn haearn. Yn ystod y canrifoedd olaf C.C. mae'n debyg bod y gwahanol lwythau o

Geltiaid wedi datblygu'n genhedloedd bychain. Un ohonynt oedd y Deceangli a gartrefodd yn hen Sir y Fflint. Llwyth arall oedd yr Ordoficiaid a ymwthiodd i mewn i Ddyffryn Clwyd o wastadeddau Sir Gaer ac o Bowys. Ai adlais o'u presenoldeb hwy yw Rhyd Orddwr yn ymyl y Rhyl? Boed a fo am hynny, mae'n siŵr mai'r Deceangli a roes enw ar gantref Tegeingl. Hwy oedd yn byw yma pan ddaeth y Rhufeiniwr Ostorius Scapula o'i gaer yn Viroconium ar gyrch llwyddiannus yn 47-52 O.C. yn erbyn y Deceangli. Efallai bod rhai o'r Brythoniaid yn falch o'i weld gan fod lle i gredu eu bod yn cael tipyn o drafferth oherwydd ymosodiadau o Iwerddon. Erys Pont y Gwyddyl yn ymyl Llannefydd a Phentre Gwyddyl yn Llanddulas i'n hatgoffa o'u presenoldeb. Ymddengys y byddai'r Gwyddyl yn arfer dod ar gyrch i ysbeilio da y Brythoniaid a dwyn ymaith eu merched a'u plant i'w masnachu fel caethweision.

I'r cyfnod hwn y perthyn y bryngeyrydd sy'n britho'r fro gan ddilyn bwâu'r bryniau calch o'r arfordir i mewn i'r dyffryn fel y gwnaethai'r ogofâu cyn hynny. Ymestynnant yn rhes o Fryn Euryn yn ymyl Mochdre i Benycorddyn yn Rhyd-y-foel, Castell Cawr (Dinhengron) uwchben Abergele, Dinorben yn Llan Sain Siôr a Bedd y Cawr yng Ngefn Meiriadog. Gyferbyn â hwy ar draws y dyffryn ceir Moel y Gaer, Bodfari, a Moel Hiraddug uwchlaw Diserth. Amddiffynfeydd oedd y rhain wedi eu hamgylchynu â sistemau o ffosydd a gwrthgloddiau pridd a ffens o goed blaenllym. Erbyn hyn mae'r chwe erw a gynhwysai Gaer Dinorben wedi eu chwarelu i ebargofiant, ond erys adroddiadau manwl D. H. N. Savory o hanes y gwaith archaeolegol a wnaed yno cyn y chwarelu mewn dwy gyfrol werthfawr. Diflannu hefyd y mae Moel Hiraddug ac archaeolegwyr Clwyd a Phowys yn prysur gofnodi'r hen olion cyn iddynt ddiflannu am byth.

Yr oedd priffordd y Rhufeiniaid ar hyd yr arfordir gogleddol yn croesi'r fro ar ei ffordd o Gaerlleon i Gaernarfon. Mae un gaer, sef Conovium (Caerhun), yr ochr draw i Afon Conwy, a rhwng honno a Chaer yr oedd caer arall o'r enw Varae. Mae'n rhaid ei bod hi yn rhywle yn ymyl Afon Clwyd. Y gred gyffredin yw bod ei safle yn rhywle i'r gorllewin o'r eglwys gadeiriol yn Llanelwy, ar y gwastad wrth Afon Elwy. Mae'n sicr bod gan y Rhufeiniaid orsaf fechan ym Mhrestatyn yn ymyl Ysgol y Llys. Ymysg y creiriau diddorol a gafwyd yno ym 1934 roedd stamp swyddogol yr Ugeinfed Lleng a gartrefai yng Nghaerlleon. Efallai mai swyddogaeth arbennig yr adran oedd goruwchlywodraethu'r gwaith plwm yn chwarel y Dalar Goch rhwng Allt Melyd a Diserth. Myn traddodiad lleol bod y Rhufeiniaid wedi datblygu'r plwm yn Tan y Gopa, Abergele.

Er gwaetha'r Rhufeiniad parhâi'r Brython i siarad ei iaith ei hun, i addoli ei dduwiau Celtaidd ac i fyw'n gymwys fel yr

Dyma hen le diddorol o fewn dim pellter i'r Rhyl a Phrestatyn, (ac yn ôl cyfeiriad y drydedd saeth o fewn cyrraedd i'r nefoedd hefyd!). Dyma un o'r tai hynaf ym mhentref Diserth. Mae'n dyddio o Oes Elisabeth y Gyntaf. Honnir mai o'r Iseldiroedd ar gyfandir Ewrop y daeth y ffasiwn o roi patrwm crib-ceiliog ar dalcen y to. Fe'i gwelir ar aml i gartref o'r cyfnod hwn ym mro'r Eisteddfod. Mae'n debyg mai'r Rhufeiniaid a ddarganfu'r mwyn plwm sydd yn y graig gerllaw. Bu'r Rhufeiniaid yn gwersyllu ym Mhrestatyn. Rhoes archaeolegwyr dystiolaeth weladwy iawn i ni o hynny wrth gloddio yno nawr yn ystod yr wythdegau. Ganrifoedd lawer ar ôl cyfnod diwyd y Rhufeiniaid codwyd yr hen blas bychan hwn. Bu perchnogion neu oruchwylwyr Gwaith Plwm Talar Goch yn byw yma o oes i oes. Ym 1856 bu'r lle tan warchae pan gododd y gweithwyr yn erbyn y goruchwyliwr ar y pryd, sef un Ishmael Jones. Amgylchynwyd y lle am rai dyddiau ac yn ôl yr hanes roedd rhai o'r mwyngloddwyr blin yn arfog. Brawychwyd morynion 'Dyserth Hall' allan o'u crwyn ymron. Ac yn wir, ni fu dim llewyrch ar y Gwaith Plwm yn Nhalar Goch ar ôl hynny. Credir i'r gwaith foddi yn ystod cyfnod segurdod y gwarchae.

(Llun: D. Healy)

17

arferai gynt. Y tebyg ydyw bod y Brythoniaid lleol wedi elwa ar fasnach dda yn cynhyrchu cig a pheth grawn i ddiwallu anghenion y llengoedd. Daeth llawer o arian Rhufeinig i'r golwg yn y fro, llawer mewn cuddfeydd a llawer ar wasgar, yn enwedig yng Nghaer Dinorben. Tybir bod y ffordd Rufeinig yn rhedeg o Varae heibio i ymyl deheuol y gaer ac ymlaen o Sarn Rug trwy Sirior Goch, Betws-yn-Rhos, Dolwen a Dawn, a thrwy Chweffordd tua Thal-y-cafn a Chaerhun.

Wedi i afael y Rhufeiniaid lacio rywbryd cyn 400 O.C. dechreuodd y Gwyddyl ailymosod a dyna pryd y daeth Cunedda i lawr i Wynedd o Fanaw Gododdin yn Sgotland er mwyn achub cam ei gyd-Frythoniaid. Mae'n debyg bod ei luoedd ef wedi dod i lawr dros dir a môr, a'u disgynyddion hwy a sicrhaodd mai Cymraeg ac nid Gwyddeleg a fyddai iaith y fro hon. Cyn bo hir bu raid i'r Cymro a'r Gwyddel gydfrwydro er mwyn atal bygythiadau gorlifiad ymosodwyr o'r dwyrain, a dyma'r pryd hefyd y daeth ymwybyddiaeth o enwau fel *Cymro, Sais*, a *Wales*. Yr oedd rhai o'r Cymry cynnar hyn yn Gristnogion a'u gelynion yn baganiaid nes i Awstin Sant gychwyn ar ei genhadaeth yn 597 O.C. Cyn hynny yr oedd Llanelwy wedi dod yn ganolfan Gristnogol er pan ddaeth Cyndeyrn yno toc ar ôl 550 O.C. Daeth ef i lawr o Ystrad Clud yn y gogledd, a'r tebyg ydyw iddo ddod dros y môr er mwyn osgoi rhyfel cartref. Dychwelodd Cyndeyrn i Ystrad Clud yn 573 O.C. a dilynwyd ef fel pennaeth y clas yn Llanelwy gan Asaph, neu Asa, un o'i ddisgyblion.

Tua'r amser hwnnw yr oedd Sant Beuno yn prysur genhadu yn ardal Treffynnon a Chwitffordd ac yn sefydlu eglwysi. Yr oedd yr eglwys Geltaidd yn ffynnu dan rym rhyw adfywiad crefyddol. Wedi i fynach o bregethwr sefydlu cell ac i'r boblogaeth wedyn godi eglwys — o goed ar y cyntaf — rhoddid enw'r mynach arbennig ar yr eglwys honno. A phan dyfai pentref o gwmpas yr eglwys cymerai hwnnw enw'r eglwys. Ond ni wyddom ddim am enwau'r mynaich cynnar hyn oherwydd yr arfer yn y fro hon oedd cysegru llannau o'r newydd wedi i'r eglwys Geltaidd gydymffurfio ag eglwys Rhufain a derbyn ffasiynau'r eglwys honno. Ei harfer hi oedd cysegru eglwysi nid i fân fynaich ond i'r Forwyn Fair a'r angylion a'r apostolion. Er enghraifft, dyna Abergele yn colli cysylltiad â Sant Elfod ac yn mabwysiadu yr Archangel Mihangel yn ei le. Yn yr un modd collodd Chwitffordd ei Beuno a chafodd Fair. Ond yn groes i'r arfer cadwodd Rhos ei Llandrillo a chredir mai mangre cell gyntaf Trillo yw'r eglwys fach ddiddorol sydd ar fin y môr yn ymyl y prom yn Rhos.

Tra oedd y saint yn sefydlu eu llannau yr oedd gofyn o hyd i'r Cymry fod yn effro rhag yr ysbeilwyr o Loegr. Aeth Caer i ddwylo'r Saeson yn 613 O.C. pan orchfygwyd Selyf o Bowys, a dyma fygwth Tegeingl ar unwaith. Cyn bo hir yr oedd yr enw Preston (Prestatyn) yn arwydd o'r amserau.

Erbyn diwedd yr wythfed ganrif yr oedd Offa, brenin Mercia, wedi codi'r clawdd a oedd i'w anfarwoli. Er nad yw'r clawdd bellach yn amlwg yn ein bro y mae'n weddol sicr ei fod unwaith yn cyrraedd o lan y môr yn ymyl Prestatyn hyd at y Marian yn Nhrelawnyd. Bu Offa farw yn 796 O.C. a'r flwyddyn honno bu brwydr ar lan Afon Clwyd yn ymyl y fan lle mae hen domen y castell cyntaf, i'r de o'r adfeilion presennol. Bu ymladd am y rhyd dros Afon Clwyd, y rhyd nesaf at y môr. Myn traddodiad sôn am gyflafan Morfa Rhuddlan yn y cyfnod hwn yn digwydd nid nepell o Dywyn Abergele, ond nid yw'r cofnod cynharaf amdani yn hŷn na diwedd yr unfed ganrif ar bymtheg. Tybir ddarfod i'r Saeson gael gafael sicr ar faenorydd Tegeingl yn ystod y nawfed a'r ddegfed ganrif ond anfynych y mae sôn eu bod yn mentro rhyw lawer i gadarnleoedd Rhos a Rhufoniog, er iddynt losgi Deganwy yn 822 a lladd Rhodri Mawr yn 878. Ond fe ddialodd mab Rhodri arnynt yn 881 a gorfu iddynt ffoi am eu bywydau yn ôl dros Glwyd. Mae *Cronicl y Saeson* am 921 yn dweud bod y brenin Edward yr Hynaf wedi creu bwrdeisdref yn *Cledemutha*, sef "Clwyd Mouth", sef Rhuddlan, yn cynnwys 80 erw o dir. Erbyn heddiw mae gorchudd dros y mwyafrif o'r erwau ond mae'r archaeolegwyr heddiw yn dal i geisio dadlennu cyfrinachau y dref ddiddorol hon. Tua'r amser hwn hefyd y codwyd y groes Geltaidd enwog sy'n werth ei gweld rhyw filltir o Chwitffordd ar ffordd Trelogan. Dyma Faen Achwyfan.

Arwydd sicr o lwyddiant y Saeson yw bod enwau fel Diserth, Llanasa, Gwaunysgor, Allt Melyd (Rhiwystoc), Trelawnyd a Llanelwy, lleoedd a oedd â'u heglwysi wedi eu cysegru i hen seintiau Cymraeg fel Ffraid a Melyd, i gyd yn ymddangos yn y *Domesday Book*. Ond er bod y Saeson wedi ennill tir yn y ddwy ganrif o 800 i 1000 O.C. anodd yw dyfalu faint yn union o Seisnigeiddio a fu yn Nhegeingl cyn i Gruffydd ap Llywelyn ym 1039 ddechrau ymosod ar y Saeson gan adennill y tiroedd i'r dwyrain o Afon Clwyd a Chlawdd Offa. Gwir fod Robert o Ruddlan, cefnder yr Iarll Huw Dew o Gaer, wedi sgubo'i ffordd at Afon Clwyd a chodi castell yn Rhuddlan ym 1073 ac wedi meddiannu Rhos a Rhufoniog erbyn 1081. Eto, erbyn 1094 yr oedd Gruffydd ap Cynan wedi ymlid y Normaniaid yn ôl yr holl ffordd i Gaer. Digon tebyg bod y deunaw bwrdeisiwr yn Rhuddlan wedi pacio a mynd hefyd.

Ond brwydr galed oedd hi a bywyd yn ansicr iawn. Ar rai adegau, megis yng nghyfnod Owain Gwynedd (1137-1170) llwyddodd y Cymry eto i adfeddiannu Rhos, Rhufoniog a Thegeingl. Ym 1157 cychwynnodd Harri II, brenin Lloegr, a byddin gref o Gaer gan fwriadu mynd trwy Loc, Trelawnyd a Diserth ar ei ffordd i Ruddlan. Daeth Owain i wybod bod Harri am geisio mynd â rhai o'i wŷr o'r tu cefn i'w fyddin ef a pharatôdd fagl i'r brenin yn nghoed Ewloe. Roedd hi'n gyfyng iawn ar Harri a dim ond trwch y blewyn oedd rhyngddo a chael ei ddal. Pan gyrhaeddodd Rhuddlan clywodd fod y fyddin a laniwyd ym Môn wedi ei gorchfygu. Penderfynodd y brenin godi dau gastell i ddiogelu'r ffordd tua Chaer, y naill ym Mhrestatyn a'r llall yn Ninas Basing. Cymerwyd y ddau gan Owain yn ddiymdroi. Bu raid i'r Saeson ffoi eto o Degeingl a bu Rhuddlan, ac eithrio cyfnod o ryw ddeuddeg mlynedd, yn nwylo'r Cymry tan 1241. Yn y cyfnod hwnnw, yr oedd y Berfeddwlad yn nwylo Dafydd ap Owain Gwynedd, priod Emma o Anjou, hanner chwaer i Harri II. Gwnaeth Owain ei bencadlys yn Rhuddlan ac yno ar ddydd Mawrth yr Wythnos Santaidd ym 1188 y croesawodd Gerallt Gymro a'r Archesgob Baldwin ar eu taith trwy Gymru i bregethu Rhyfel y Groes. Ar y dydd Mercher gweinyddodd yr archesgob yr offeren yn Eglwys Gadeiriol Llanelwy, a chysgu'r nos yn Abaty Dinas Basing cyn mynd ymlaen drannoeth i Gaer.

Ar ôl 1246 yr oedd y Berfeddwlad unwaith eto'n eiddo brenin Lloegr ac fe'i rheolid o Gaer. Arfer y llywodraeth oedd gwerthu'r rhenti i swyddogion barus a gormesol. Talasant yn ddrud am eu swyddi ac felly roedd yn rhaid iddynt wasgu'r Cymry er mwyn elwa. Gwrthryfelodd gwŷr y Berfeddwlad dan arweiniad Llywelyn ein Llyw Olaf ym 1256 a llwyddwyd i adfeddiannu'r wlad. Ond ym 1277 arweiniodd uchelgais Llywelyn ef i helynt yn ei ryfel cyntaf yn erbyn Edward I. Cefnogwyd brenin Lloegr yn fradwrus gan frawd Llywelyn. Dafydd oedd y bradwr ac am ei ddichell cafodd Rhufoniog a Dyffryn Clwyd yn rhodd gan Edward ond aeth Tegeingl a Rhos eto dan draed y Sais. Uchel oedd y cwyno ar hyd y wlad o Ddyfrdwy i Gonwy ynghylch creulonderau'r meistr tramor. Doedd dim dal ar Ddafydd. Siomwyd ef am na chawsai y Berfeddwlad yn gyfan ac mewn ymateb i gwynion pobl Tegeingl a Rhos ymosododd yn fyrbwyll ar y Saeson ym 1282. Go brin y sylweddolai Dafydd wrth dramwyo Tegeingl a chipio Castell Penarlâg ei fod yn canu cnul annibyniaeth y Cymry. Dylasai ef a'i frawd Llywelyn ein Llyw Olaf fod wedi sylweddoli beth oedd amcanion y brenin Edward wrth gadw'r ddau gantref yn ei ddwylo'i hun. Er 1277 bu'n prysur godi castell newydd sbon yn Rhuddlan ac yn torri gwely newydd unionsyth oddi yno i Afon Clwyd gael rhedeg i'r môr. Yr oedd yn bosibl dod â nwyddau ac arfau a milwyr yn awr dros y dŵr yr holl ffordd o Gaer. Nid castell amddiffynnol oedd bellach yn Rhuddlan. Yr oeddynt wedi arbrofi gyda chastell newydd amddiffynnol yn Niserth ar y graig uwchben y pentref ond buan iawn yr aeth i ddwylo'r Cymry ac o fewn ugain mlynedd, sef ym 1263, fe'i dinistriwyd yn llwyr. Erbyn hyn aeth yr holl olion ohono yn ysglyfaeth i'r chwarel. Pwrpas y castell hwnnw oedd diogelu'r bwlch allan o Ddyffryn Clwyd i gyfeiriad Caer.

Ond dyma yn awr yn Rhuddlan gastell cadarn a thref o'i amgylch — lle delfrydol i fod yn gartref i'r eglwys gadeiriol a oedd draw yn unigeddau Llanelwy. Gwnaed cais i Rufain a chynnig darparu'r lle a thalu'r gost ond ni ddaeth dim o'r cynllun. Gofalodd Edward am bont dros Glwyd, pont bren ar bileri o gerrig y pryd hwnnw. Ac o'i gaer yn Rhuddlan gallai'r brenin frasgamu i bellafoedd Rhos a glannau Afon Conwy. Peth arall oedd croesi'r afon honno. Dyna pam y mentrodd Edward ymosod ar gadarnleoedd Eryri trwy groesi o Ddyffryn Clwyd ar hyd Dyffryn Elwy i lawr i Lanrwst ac i Fetws-y-coed ac anelu am Gastell Dolwyddelan y naill ffordd ac Aberconwy y ffordd arall. Yr un pryd yr oedd llongau yn cludo byddin o Ruddlan i Fôn. Yn ystod gaeaf 1282-83 yr oedd gan Edward bencadlys yn ymyl Pentre, Llangernyw. Erys twmpath uchel yno hyd heddiw lle gallasai'r brenin fod wedi codi castell dros dro. Yr oedd 5,000 o wŷr dano pan aeth yn ei flaen am Fetws-y-coed yn y drydedd wythnos ym mis Ionawr 1283 ac oddi yno i gipio Castell Dolwyddelan. A dyna'r rhyfel ar ben, a chyda hynny ddiwedd ar annibyniaeth wleidyddol Cymru.

Paratôdd y brenin Statud Rhuddlan yn sylfaen i weinyddiad llywodraeth a deddf yng Nghymru a'i chyhoeddi ym 1284. Aeth Tegeingl yn rhan o sir newydd Fflint, ond eisoes yr oedd y brenin wedi rhoi Rhos a Rhufoniog yn rhodd i Henry de Lacy a thrigai'r estron hwnnw yng Nghastell Dinbych, ac oddi yno y rheolwyd y ddau hen gantref tan 1536 gan de Lacy a'i debyg. Eiddo Arglwydd Dinbych oedd pob maenol a melin a marchnad rhwng Clwyd a Chonwy, ac iddo ef y telid rhent am bob tŷ a thyddyn a thwlc. Daethpwyd â Saeson i feddiannu tref Dinbych a Saeson oedd bwrdeiswyr Abergele i gyd. Ni adawyd un Cymro ar ôl yn y ddwy dref.

Er mai dros ymyl ffin bro'r Eisteddfod, yn Ninas Basing, y mae'r unig abaty Sistersaidd yn y Berfeddwlad, erys peth o olion Urddau'r Brodyr a ddaeth yn boblogaidd yn y drydedd ganrif ar ddeg. Un tŷ yn unig a feddai'r Carmeliaid trwy Gymru gyfan ac yn Ninbych yr oedd hwnnw. Sefydlwyd y Priordy ar gwr y dref ym 1284 gan Syr John Salisbury o Lewenni. Bu ef a'i ddisgynyddion yn noddi'r Brodyr ac o fewn yr eglwys yn y Priordy y claddwyd hwy. Ar ôl chwalu'r lle ym 1536 bu'r adeiladau'n ddefnyddiol i bwrpas masnach hyd y ganrif ddiwethaf. Erbyn hyn nid erys ond adfeilion diddorol y capel a'r neuadd a gelwir y lle yr "Abbey".

Gadawodd y Dominiciaid — y Brodyr Duon — eu hôl yma hefyd. O'r pum tŷ oedd ganddynt yng Nghymru sefydlwyd un yn Rhuddlan ym 1258 gan Llywelyn ein Llyw Olaf ei hun. Yr oedd hyn ynddo'i hun yn arwydd o bwysigrwydd Rhuddlan gan mai dim ond i'r lleoedd poblog y mynnai'r Brodyr hyn gyrchu. Yn hyn yr oeddynt yn gwbl groes i arfer y Sistersiaid a gyrchai'r mannau tawel. Yr oedd eu tŷ o fewn ffiniau'r hen dref gyntaf yn Rhuddlan a gadawyd hwy yno gan Edward I pan gododd ei dref newydd. Llywelyn a apwyntiodd yr abad cyntaf — Einion ab Ynyr. Yn nes ymlaen ym 1268 yr oedd Llywelyn i ddyrchafu'r abad yn Esgob Llanelwy dan yr enw Anian II, heb sylweddoli, mae'n debyg, y byddai gan Anian ddigon o asgwrn cefn i wrthwynebu pob ymdrech o eiddo Llywelyn i ddod â llysoedd a thiroedd yr eglwys dan lywodraeth y gallu sifil. Ar yr amod bod y brenin yn peidio â chyffwrdd â hawliau oesol yr eglwys y cytunodd Anian i gyd-fynd â'r bwriad i drosglwyddo'r eglwys gadeiriol o Lanelwy i Ruddlan ym 1277-82. Parhaodd y Brodyr wrth eu gwaith tan 1536, ac er iddynt hwy a'r mynaich a'r esgobion fynd yn fwyfwy bydol, llwyddasant i gadw lamp y Ffydd i losgi — hwy a'r offeiriaid yn y llannau o Lanasa i Wytherin ac o Landrillo-yn-Rhos i Lanrhaeadr.

Er bod dydd y tywysogion ar ben yr oedd uchelwyr o Gymry yn dal yn y tir, a hwy, trwy noddi'r beirdd ac ysgolion y beirdd, a gadwodd y diwylliant hanfodol Gymreig yn fyw. Dyma'r cyfnod pryd y daeth *eisteddfod* i'w arfer fel enw ar gynadleddau lle roedd y beirdd yn gosod rheolau eu crefft a threfn ar y rhai a fyddai'n ei harfer. Yn eisteddfod enwog Caerfyrddin ym 1451 pan oedd Dafydd ab Edmwnd yn Bencerdd, yr oedd un o'i ddisgyblion, Tudur Aled, hefyd yn bresennol. Mae cryn amheuaeth bellach a ddylid cysylltu Tudur â Llansannan gan fod hawliau cryfach gan Llanarmon-yn-Iâl. Yn yr eisteddfod honno cipiwyd y wobr o dafod arian am ganu gan Rhys Bwting o Brestatyn.

Mae Caerwys yn enwog am ei heisteddfodau hithau ym 1523 a 1568. Dyma'r cyfnod pryd y sefydlwyd y stadau mawr a ddaeth yn gysylltiedig â lleoedd fel Bodrhyddan (lle roedd Tudur Aled yn ymwelydd cyson), Llewenni, Bachymbyd,

Mostyn, Hafodunos, Melai, Garthewin, Dyffryn Aled, Wig-fair, Bodelwyddan, Gwernigron, Faenol, Meiriadog, Berain, Ffocsol, Bryneuryn, Gloddaeth, Cinmel, Hendre (Abergele), Plas y Ward, Y Faerdref, Brynffanigl, a'r Gop yn Nhrelawnyd. Yr un pryd tyfasai'r llannau yn bentrefi o Golwyn i Brestatyn ac o Dremeirchion i Lansannan.

Er bod rhai Cymry yn dod ymlaen yn y byd oedd ohoni yn eu gwlad ar ôl Statud 1284, plygu'n anfoddog i drefn ormesol y Sais fu rhan y werin yn Nhegeingl a Rhos a Rhufoniog fel ei gilydd. Nid oedd fawr o wahaniaeth rhwng gorthrwm y siryf ar y naill law a gorthrwm Arglwydd Dinbych ar y llall. Ond prin iawn fu'r gwrthryfela agored cyn i Owain Glyndŵr ymosod yn sydyn ar dref Rhuthun ym 1400. Bu llawer o Gymry arglwydd-iaeth Dinbych yn ymladd brwydrau brenin Lloegr dros y môr yn Ffrainc a thros y tir yn Sgotland. Cyn cychwyn y Rhyfel Can Mlynedd ym 1334 yr oedd un marchog a 60 o sawdwyr troed yn Aquitaine. Ym 1343 aeth 219 o filwyr oddi yma i Ffrainc. Ond nid aeth pawb i bledio achos brenin Lloegr oherwydd yr oedd rhai wedi ymuno â byddin Owain Lawgoch a ymladdai dros Ffrainc yn erbyn Lloegr. Hawliai Owain mai eiddo ef oedd Cymru. Y pwysicaf o'r cefnogwyr o'r fro hon oedd Ieuan ap Rhys, mab i Rhys ap Robert o Ginmel a pherchennog Llywerllyd yn ymyl Prestatyn. Cyhuddwyd y tad, ac yntau wedi bod yn Siryf Sir y Fflint, o anfon aur ac arian gwerth 500 marc o'r sir i'w fab Ieuan. Cyhuddwyd ef hefyd o anfon symiau eraill i Ffrainc gyda'i fab arall Madog a'i was, Ieuan Bach. Yr oedd Madog ap Rhys yn ymladd yn erbyn brenin Lloegr ym 1381, sef tair blynedd wedi llofruddiaeth Owain Lawgoch. Yr oedd Rhys ap Robert o Ginmel yn hanfod o Ednyfed Fychan, Brynffanigl, synysgal Llywelyn Fawr.

Daeth y fro i amlygrwydd ym mis Medi 1399 pan gyn-llwyniodd Henry Bolingbroke i ddal y brenin, Richard II, pan oedd yn dychwelyd o Iwerddon. Hudwyd ef allan o ddiogelwch Castell Conwy gan addewidion ffals Bolingbroke a'i gymryd yn garcharor yn ymyl Cefn Ogo, Llanddulas. Cymerwyd ef mewn hualau trwy Abergele i Gastell Rhuddlan.

Wedi pryd o fwyd yno aeth yn ei flaen i Fflint a daeth Bolingbroke yno i'w ddiorseddu ac i gymryd ei le fel Harri IV.

Ac o fewn blwyddyn union, ar 18 Medi, dyma Glyndŵr a rhyw 250 o gefnogwyr yn anhreithio Rhuthun gan ladrata ceffylau a da byw o bob math a hefyd gwerth £1,000 o aur ac arian cyn ymosod ar Ddinbych a Rhuddlan. Er mai o Edeirnion yr oedd y rhan helaethaf o'i osgordd, yr oedd yno hefyd wŷr o Rufoniog. Er llosgi a lladrata yn Ninbych a Rhuddlan methodd y Cymry gipio'r cestyll. Daeth Owain eilwaith ar sgawt i Ddyffryn Clwyd ac wedi dal ei hen elyn, Arglwydd Grey o Ruthun, ym 1402, aeth rhagddo i ddial ar elyn arall, John Trevor, Esgob Llanelwy. Llosgodd yr eglwys gadeiriol a phalas yr esgob. Aeth ymlaen i Allt Melyd, lle roedd gan yr esgob gartref arall. Llosgwyd hwnnw hefyd, a dau arall heblaw hynny. Yn ddiweddarach daeth yr esgob yn un o bleidwyr Owain, ac yr oedd ficeriaid y Cwm, Chwitffordd ac Allt Melyd, ymysg ei ganlynwyr ffyddlonaf. Am dair blynedd bu Owain yn ben ar yr hen Berfeddwlad i gyd. Roedd bro Eisteddfod 1985 yn lle digon afiach i Sais o 1400 hyd 1407!

Yr oedd y gefnogaeth a gafodd Glyndŵr yn arwydd o anfodlondeb y bobl dan ddeddfau gormesol yr estron. Nid oeddynt ond yn dechrau atgyfnerthu ar ôl ymweliad difaol y Pla Du 1348-49 a adawsai ar ei ôl lawer o ddaliadau gwag yn Ninbych, naill ai am nad oedd etifeddion neu oherwydd iddynt fethu yn eu dygn dlodi â wynebu'r costau cyfreithiol. Yr oedd yn gyfle gwych i'r cryf fanteisio ar y gwan. Aeth pethau'n waeth ar ôl amser Glyndŵr a lluosogodd yr herwyr, ac ni wnaeth dechreuad Rhyfel y Rhosynnau tua chanol y bymthegfed ganrif fawr i wella pethau. Yr oedd Dinbych, ym mherson Roger Kynaston, o blaid teulu York. Ond fe gymerwyd ei gastell oddi arno ym 1460 gan Siaspar Tudur. Bu raid i Siaspar ffoi ym 1461 ond dychwelodd ym 1468 a llosgi'r dref cyn gorfod ffoi, gyda Harri Tudur ei nai, i ddiogelwch Llydaw. Ffoesant oddi yno i Ffrainc ym 1483 i aros am yr alwad i fynd i Faes Bosworth ym 1485. Mae hanes bod Harri Tudur yn ymweld yn ddirgel o bryd i'w gilydd ag un o'i gefnogwyr ffyddlonaf, Richard Mostyn, a bod Siaspar wedi cael dihangfa ryfeddol ym Mostyn unwaith. Pan laniodd Harri Tudur a'i ewyrth yn Sir Benfro ym 1485 aeth Richard ap Hywel o Fostyn ar unwaith gyda'i holl wŷr i'w ganlyn, gan gynnwys glowyr. O Fodrhyddan aeth Huw Conwy gyda mintai o Ruddlan a Diserth. Ar ôl buddugoliaeth Bosworth cynigiwyd swydd yn y llys i Richard Mostyn ond gwrthododd hi gan ddewis yn hytrach aros gyda'i bobl ei hun.

Mae perygl wrth ganolbwyntio ar y rhyfela, y lladd, y pla a'r trueni anghofio bod masnach o ryw fath yn dal i ffynnu. Oherwydd prinder gweithwyr a phrinder cynnyrch yr oedd y gweithwyr yn medru hawlio gwell telerau er gwaetha cyfyngiadau Statud y Llafurwyr. Yn y cyfnod hwn y dechreuodd y porthmyn ar weithgaredd a oedd i barhau tan tua 1870. Yr oedd marchnad bwysig yn Abergele ac yno deuai'r gyrroedd o gyfeiriad Llanrwst a Betws-yn-Rhos. Ymlaen â hwy i fyny Dyffryn Clwyd gan hel atynt fwy a mwy yn Ninbych cyn cyrchu tua'r Amwythig ar eu ffordd hir i Barnet a Llundain.

Tua diwedd y bymthegfed ganrif ac ymlaen i'r unfed ganrif ar bymtheg pryd yr atgyweiriwyd ac yr helaethwyd llawer o eglwysi'r fro, daeth nodwedd arbennig i berthyn iddynt, sef bod ganddynt gorff dwbl a dau do, megis. Fel enghreifftiau gellir nodi Eglwys Wen, Dinbych, Abergele, Rhuddlan, Llanfair Talhaearn, Llannefydd, Llanrhaeadr a Llansannan. Bu llawer o ddyfalu pam a sut y digwyddodd hyn. Yr esboniad mwyaf boddhaol, mae'n debyg, yw mai dilyn ffasiwn leol a gychwynnwyd gan un eglwys i ehangu a wnaed trwy dynnu i lawr un wal allanol a'i chodi wedyn i wneud corff dwbl gyda rhes o golofnau lle bu'r wal gynt. Mae'n werth mynd ymhell i weld rhai o'r eglwysi hyn, yn arbennig eglwys Llanrhaeadr, ger Dinbych, lle mae enghraifft gyda'r berffeithiaf o ffenestr Jesse, lle ceir mewn gwydrau amryliw hanes achau yr Arglwydd Iesu o gyff Jesse, trwy frenhinoedd Juda a'r proffwydi a'r Forwyn Fair. Lluniwyd hi ym 1533 ac mae'n dra gwahanol i'r esiampl o'r un fath o ffenestr a welir yn eglwys Diserth. Nac anghofied yr ymwelydd â Llanrhaeadr sylwi ar fedd Edward Jones, yr emynydd o Faes y Plwm, wrth y glwyd.

Nodwedd amlyca'r fro hon trwy gydol ei hanes yw'r pwyslais ar amaethu, ac erys hyn yn wir heddiw er gwaetha'r mân ddiwydiannau a rhai ffatrïoedd mwy fel Hotpoint ym Modelwyddan a ffatri Pilkington ger Llanelwy. Ôl y Chwyldro Amaethyddol yn y ddeunawfed ganrif sydd i'w weld yn bennaf ac nid effeithiau'r Chwyldro Diwydiannol. Mater arall yw'r diwydiant twristiaeth a'r carafanau sy'n gwyngalchu glannau'r môr o Brestatyn i Landdulas, ac ambell i lecyn digon diarffordd yng nghefn gwlad hefyd.

Ym merw'r blynyddoedd 1755-1815 yr oedd y tirfeddianwyr yn arbrofi drwy sychu tiroedd gwlyb, a hau cnydau newydd fel maip â pheiriannau newydd a mwy effeithiol. Yr oedd galw mawr am gynhyrchu rhagor o fwyd ar gyfer poblogaeth a oedd yn cynyddu'n gyflym mewn trefi newydd diwydiannol, porthladdoedd prysur fel Lerpwl ac ardaloedd y pyllau glo. Ond yr oedd llawer o dir y Berfeddwlad yn anialwch. Tir felly oedd y morfa eang yn ymestyn o Ruddlan i ffiniau Abergele. Dyma le braf i wyddau gwylltion a phryfetach, a lle a fygythid yn gyson gan orlifiadau môr, am nad oedd eto wrthglawdd wedi ei godi. Nid oedd ffyrdd dros y morfa hwn ac nid oedd y Rhyl dros yr afon yn y Foryd yn ddim namyn twmpathau o dywod melyn. Ond ym 1785 daeth tro ar fyd. Cyn hynny arferai'r brifffordd, sef y ffordd bost, fynd o Gaer trwy Dreffynnon i Ddinbych, ac yna ymlaen trwy Lannefydd a Phont y Gwyddyl am Ddolwen a Thal-y-cafn yn Nyffryn Conwy. Ffordd bwysig oedd honno oherwydd ar hyd-ddi y cedwid cysylltiad rhwng Llundain ac Iwerddon helbulus. Ond ym 1785 cafwyd ffordd dyrpeg newydd i ddod â'r post drwy Lanelwy, Glasgoed, Llan Sain Siôr ac Abergele ac yna ymlaen tuag Afon Conwy ar hyd y glannau. A chyd-ddigwyddiad hapus oedd bod gŵr mor gefnog â'r Parch Edward Hughes wedi cartrefu yng Nghinmel ym 1786 ac wedi rhoi ei fryd ar adeiladu stad iddo'i hun gyda'r elw mawr iawn a gawsai o weithio'r copr ym Mynydd Parys. Ond chwarae teg iddo ef ac i Bamford Hesketh a oedd newydd briodi Siân Lloyd, aeres stad y Gwrych, Abergele, dyna fwrw iddi ym 1794 i gael deddf i gau tiroedd gwyllt a chorsiog ar Forfa Rhuddlan ac ar amryw o leoedd eraill digon diffaith yn yr ardal. Ymunodd y tirfeddianwyr eraill yn y fenter gyda hwy.

Wrth deithio heddiw ar y ffordd o Ruddlan am Abergele fe welir caeau eang, gwastad, trefnus eu cloddiau oedd yn ffrwyth y cau comin hwn. Mae'r ffordd lydan, braf gyda'r ffosydd o boptu yn siampl berffaith o'r *occupation roads* yr oedd y ddeddf yn eu gorchymyn ar ffiniau'r tir newydd. Yn sgîl hyn i gyd y torrwyd ffosydd i sychu'r tir a chludo'r dŵr i Afon Clwyd, a thorri gwely newydd ar draws y Morfa i hen Afon Gele gan ei gorfodi o hynny ymlaen i ymadael â'i hen gwrs a redai'n union drwy Abergele i'r môr ym Mhen-sarn. Nid oedd cau y tir comin yn plesio pawb ac ni fu ardalwyr Moelfre, Abergele, yn brin o ddangos eu gwrthwynebiad.

Yn yr un cyfnod, sef ail hanner y ddeunawfed ganrif ac ymlaen i'r ganrif nesaf, dechreuwyd ailweithio'r mwyngloddiau plwm ym Mhrestatyn, Diserth ac Abergele, a'r chwareli calch yn Llanddulas, Abergele a Diserth. Yr un pryd yr oedd y pyllau glo yn araf ymledu ar hyd glannau Dyfrdwy at y Parlwr Du. Bu adeg pan fygythid chwilio am lo yn y Foryd, ac yn gynnar iawn yr oedd sgweiar Llewenni yn awyddus i dorri camlas o Ruddlan i Ruthun gan y credai y gellid codi glo yn Nyffryn Clwyd a dod â diwydiannau yno. Datblygodd Rhuddlan yn fuan dan effaith Deddfau Cau Tir Comin ym 1807 a 1811 a hwyluso trafnidiaeth o'r môr. Defnyddid porthladd Rhuddlan i fynd â'r plwm o Ddiserth a Phrestatyn i'r toddfeydd ym Mostyn ar lannau Dyfrdwy.

Yn rhan o'r berw i gyd yr oedd elfen arall a ddaeth i achosi newid mawr ar y fro ac ar ei phobl. Hwn oedd y Diwygiad Methodistaidd. Er na ddaeth neb o'r diwygwyr enwog ar hyd y glannau, a phrin y mentrent ar y dechrau i drefi fel Rhuddlan, Abergele ac yn arbennig Dinbych — Dinbych a oedd yn enwog fel y lle mwyaf peryglus yng Nghymru gyfan i bregethwr Methodist — eto, erbyn diwedd y ganrif, a chyn i genhadaeth y Wesleaid gychwyn, yr oedd capeli wedi eu codi gan y Methodistiaid yng Nghaerwys, Tan-y-fron (Llansannan), Cefn Coch (Llangernyw), Capel y Dyffryn (Llandyrnog), Mochdre (Llandrillo-yn-Rhos), Henllan, y Graig (Glanconwy), Glanconwy, Gwytherin, Pandy Tudur, Llansannan, Dinbych, Abergele, Prion, Cefn Meiriadog a Ffynhonnau

(Llannefydd), i enwi ond y rhai a oedd o fewn bro'r Eisteddfod.

Yr oedd datblygiad arall yn y cyfnod hwn a oedd i ddylanwadu mwy ar y fro a adwaenwn ni heddiw na'r un elfen arall — ar wahân, wrth gwrs i amaethyddiaeth. Dyma pryd y dechreuodd teithwyr ddod i'n gwlad. Oherwydd anawsterau crwydro Ewrop adeg y rhyfeloedd Napoleonaidd daethant i Gymru i chwilio am alpau ym mynyddoedd Eryri ac am lesni môr a melyndra tywod ar y traethau hyn ar hyd y glannau. Yr oedd y ffordd newydd yn hwylus, a'r gwrthglawdd rhag y môr yn swcwr. Deuai'r teithwyr i brofi rhin y tywod ar y traethau hyn, ac yn fuan cyfeirid at Abergele fel "watering place". Eisoes codwyd ychydig o dai yn Nhywyn yn sgîl y morglawdd newydd, ac erbyn 1820 yr oedd y Rhyl ei hun wedi dechrau cyfodi o ganol y tywod ac yn ymenwogi fel lle heulog. Felly hefyd Prestatyn a Cholwyn. Yr oedd y rhai a ymgyfoethogodd megis perchenogion ffatrïoedd a phyllau glo ac adeiladwyr tai yn y lleoedd poblog newydd, yn edrych am ymwared, yn enwedig ym misoedd peryglus yr haf, pan ddeuai'r colera. Ond digon araf oedd tyfiant ar y dechrau tua'r glannau.

Ac yna fel mellten o wybren-ddirybudd dyna'r fflodiard yn agor a dylifodd y miloedd. Yr oedd oes y trên wedi gwawrio, ac o 1848 ymlaen aeth trefi'r glannau rhagddynt i groesawu'r ymwelwyr. Abergele yn unig a adawyd ar ôl. Nid oedd tir i'w gael yno at adeiladu tai oherwydd credai'r tirfeddianwyr yng Nghastell y Gwrych ac ym Mhentre-mawr — ac i raddau llai tua Phlas Cinmel — mai andwyol fyddai dylanwad dyfod estroniaid i'w bro dawel hwy. A dyna atalfa ar dyfiant Abergele nas diddymwyd tan ar ôl 1945. Roedd croeso i David Roberts gefnog o Lerpwl ddod i feddiannu Plas Tanrallt ym 1851, a chychwyn perthynas rhwng Abergele a'i ddisgynyddion, John Roberts, A.S., a'i fab yntau Syr J. H. Roberts, A.S. (Arglwydd Clwyd ar ôl 1919). Ychydig a wyddai pobl y castell eu bod wedi agor y drws i radicaliaeth ryddfrydol-anghydffurfiol ddod i rannu'r ysbail gyda hwy.

Tegeingl

Tudur Aled

Rhodiais tra fynnais trwy fannau — ar fyd
    Trwy hyfryd fryd frodiau;
Truth gadarn, teg yw'r farn fau,
Tew gongl aur, Tegeingl orau.

Cyflafan Morfa Rhuddlan

Ieuan Glan Geirionydd

Cilia'r haul draw dros ael bryniau hael Arfon,
Llenni nos sy'n mynd dros ddôl a rhos weithion,
Pob rhyw chwa ymaith a gilia o'r llwyni,
Ar fy nghlust draw mae ust y don yn distewi;
Dan fy mron clywa'm llon galon yn curo
Gan fawr rym dicter llym wrth im fyfyrio
Ar y pryd pan fu drud waedlyd gyflafan,
Pan wnaed brad Cymru fad ar Forfa Rhuddlan.

Trwy y gwyll gwelaf ddull teryll y darian,
Clywaf si eirf heb ri arni yn tincian;
O'r bwâu gwyllt mae'n gwau saethau gan sïo
A thrwst mawr nes mae'r llawr rhuddwawr yn siglo;
Ond uwch sain torf y rhain ac ochain y clwyfawg
Fry hyd nef clywir cref ddolef Caradawg —
"Rhag gwneud brad ein hen wlad trown eu cad weithian,
Neu caed lloer ni yn oer ar Forfa Rhuddlan."

Wele fron pob rhyw lon Frython yn chwyddo,
Wele'u gwedd fel eu cledd fflamwedd yn gwrido,
Wele'r fraich rymus fry'n dyblu'r ergydion,
Yn eu nwy' torrant trwy lydain adwyon;
Yr un pryd Cymru i gyd gyfyd ei gweddi, —
"Doed yn awr help i lawr yn ein mawr gyni;
Boed i ti, O ein Rhi, noddi ein trigfan,
Llwydda'n awr ein llu mawr ar Forfa Rhuddlan."

Trosof daeth, fel rhyw saeth, alaeth a dychryn,
Och! rhag bost, bloeddiau tost ymffrost y gelyn;
Ond O, na lawenha, fel a wnâi orchest,
Nid dy rym ond dy ri' ddug i ti goncwest.
Ow! rhag braw'r dorf sy draw'n gwyliaw o'r drysau,
Am lwydd cad Cymru fad, — rhad ar ei harfau;
Mewn gwyllt fraw i'r geillt fry rhedy pob oedran
Wrth weld brad gwŷr eu gwlad ar Forfa Rhuddlan.

Bryn a phant, cwm a nant, lanwant â'u hoergri;
Traidd y floedd draw i goedd gymoedd Eryri;
Yr awr hon y mae llon galon hen Gymru
Am fawr freg ei meib teg, gwiwdeg, yn gwaedu;
Braw a brys sydd trwy lys parchus Caradawg,
Gweiddi mawr fynd i lawr flaenawr galluawg;
Geilw ei fardd am ei fwyn delyn i gwynfan,
Ac ar hon tery dôn hen "Forfa Rhuddlan".

Af yn awr dros y llawr gwyrddwawr i chwilio
Am y fan mae eu rhan farwol yn huno;
Ond y mawr Forfa maith yw eu llaith feddrod,
A'i wyrdd frwyn a'r hesg lwyn yw eu mwyn gofnod;
Ond caf draw, gerllaw'r llan, drigfan uchelfaith
Ioan lân, hoffwr cân, diddan gydymaith;
Ac yn nhŷ'r Ficar fry, gan ei gu rian,
Llety gaf, yno'r af o Forfa Rhuddlan.

Y Rhyl a'r Cyffiniau

Emyr Roberts

Tynnwch linell o Landrillo-yn-Rhos i fyny ar hyd ysgwydd ddwyreiniol Dyffryn Conwy cyn belled â Gwytherin, yna troi ar hyd crib Hiraethog i gofleidio Nantglyn a Llanrhaeadr-yng-Nghinmeirch wedyn i'r gogledd yn ôl at y traethau rywle tua Llannerch-y-môr ac yn ôl wedyn ar hyd y traeth i Landrillo-yn-Rhos eto, a dyna ichi ddalgylch Eisteddfod y Rhyl a'r Cyffiniau.

Dowch inni gyfaddef yn syth am ein treflan adloniadol, a ddisgrifid ynglŷn ag Eisteddfod 1892 yn "un o hoff ymdrochfeydd Gogledd Cymru", mai rhyw ddeufor gyfarfod o le ydyw rhwng llifeiriant llydan o Seisnigrwydd difaol o'r dwyrain a ffrwd o Gymreictod iachusol yn aberu yma trwy'r dyffryn o lethrau Hiraethog. Ond am y "Cyffiniau" dyma galon y darn o Gymru y dywedodd G. J. Williams amdano: "Hwn yw'r rhanbarth pwysicaf yng Nghymru o ddechrau'r 15fed ganrif hyd y 18fed, a'r bywyd llenyddol sy'n nodweddu'r wlad yma sydd, i raddau helaeth, yn egluro parhad diwylliant cenedl y Cymry hyd ein dyddiau ni."

Dim ond dwy neu dair milltir o'r Rhyl y mae Moel Hiraddug y cafodd Dafydd Ddu o'r 14 ganrif ei enw oddi wrthi, gŵr eglwysig yn Nhremeirchion a'r Cwm a alwyd gan John Davies o Fallwyd yn Archddiacon Diserth. Cysylltir ei enw ef gydag Einion Offeiriad â'r *Gramadeg* neu'r *Llyfr Cerddwriaeth*, y llyfr cynharaf sydd gennym yn trafod celfyddyd cerdd dafod. Ucheldir ein Cyffiniau, wedyn, a roes ei enw i Gruffudd Hiraethog (bu farw 1564), athro barddol enwocaf yr 16 ganrif. Disgyblion iddo ef oedd beirdd o safle William Llŷn, Siôn

33

Tudur, bonheddwr a bardd a urddwyd yn ddisgybl penceirdd-aidd yn Eisteddfod Caerwys 1568, a fu'n berchennog y *Llyfr Du* am gyfnod, ac a gladdwyd yn Llanelwy ar 5 Ebrill 1602, hefyd Simwnt Fychan (1530-1606), bardd oedd yn byw yn Tŷ Brith, Llanfair Dyffryn Clwyd. I Gruffudd Hiraethog y canodd William Llŷn ei gywydd marwnad adnabyddus:

> Y bardd bach uwch beirdd y byd,
> Och nad ydych yn doedyd!
> Gruffudd braff, graffaidd broffwyd,
> Gweddw yw'r iaith, ai 'mguddio'r wyd ? . . .

A'r geiriau cynefin y mae'n eu gosod yng ngenau ei hen athro marw, yn gŵyn rwygol yn erbyn anochelrwydd angau:

> Nid oedd modd; yn y dydd mau
> Y dringodd rhyw daer angau,
> Mae'n gwarchae'r man a gyrcho,
> Mewn ffydd nid oes man i ffo.
> Eryr gwyllt ar war gelltydd
> Nid ymgêl pan ddêl ei ddydd;
> A'r pysg a fo 'mysg y môr
> A ddwg angau'n ddigyngor . . .

Cyfunid yn Gruffudd Hiraethog y traddodiad clasurol Cymraeg a dysg lydan dyneiddwyr y Dadeni. Roedd yn ben-achyddwr yr hen deuluoedd. Ymddiddorai mewn hynafiaethau a chasglu diarhebion gan ddangos sêl ddiarbed dros iaith a diwylliant ei genedl. Poenai ei edmygydd a'i gyfaill William Salesbury (1520?-1584?) ei fod yn cymryd gormod baich ar ei ysgwyddau i "gynnal yr iaith sydd yn cychwyn ar dramgwydd". Byddai'n gysur gan y ddau wybod bod yr iaith oedd "ar dram-gwydd" yn eu dydd hwy yn iaith ein Heisteddfod ymhen pedair canrif ac yn hoyw yng ngenau plant bach o Saeson yn Ysgol Dewi Sant, y Rhyl.

Ac y mae enw William Salesbury yr uchelwr o Lansannan yn ein hatgoffa am wŷr mawr y Dadeni yn ein Cyffiniau. Yr oedd

Salesbury ei hun yn y rheng flaenaf ohonynt. Cymro mwyaf ei oes, medd W. J. Gruffydd, Cymro mwyaf dysgedig ei oes, medd y *Bywgraffiadur*. Y gymwynas fawr â'n cenedl ni y rhoes ei fryd arni am flynyddoedd oedd cael yr Ysgrythur Lân yn ein hiaith, ac fe'i cofir ef yn bennaf oll am ddwyn allan y Testament Newydd cyntaf yn Gymraeg ym 1567.

Mae i'n hardaloedd, yn wir, nifer o "gyntafau". Dyna Dafydd Ddu Hiraddug uchod y cysylltir ei enw â'r llyfr cyntaf ar gelfyddyd cerdd dafod. Yna, heblaw'r Testament Newydd cyntaf mae *Oll Synnwyr Pen* Salesbury a gyhoeddwyd ym 1547 yn cystadlu am fod ein llyfr printiedig cyntaf. Wedyn, mewn ogof ar ffiniau Llandrillo-yn-Rhos fel y dangosodd Dr Geraint Gruffydd, y caed y wasg gyntaf yng Nghymru (gwasg anghyfreithlon, yn wir) ym 1586. A dyna'r Beibl cyfan cyntaf gan William Morgan. Gwir nad yma y cyflawnodd ef ei orchestwaith, ond yn esgobaeth Llanelwy y bu farw ar 10 Medi 1604, ac yn wir, dydi Tŷ Mawr y Wybrnant lle y ganed ef ond dros y rhiniog o'n hardaloedd ni. Wedyn eto, yng Nghaerwys y cynhaliwyd yr eisteddfod gyntaf yng Ngogledd Cymru y mae hanes amdani ym 1523 "Trwy bersonol gyngor Gruffudd ab Ieuan ap Llewelyn a Tudur Aled . . . er gwneuthur ordr a llywodraeth ar gerddwyr ac ar gelfyddyd". Trwy gomisiwn y frenhines Elisabeth cynhaliwyd ail eisteddfod yno ym 1568, eto i roi trefn ar y beirdd a'r cerddorion. Ac yn ein dyddiau ni mae cyntaf arall teilwng iawn i'w gofnodi, sef sefydlu yn y Rhyl Ysgol Glan Clwyd, trwy weledigaeth ac ymdrechion y diweddar Dr Haydn Williams, yr ysgol uwchradd Gymraeg gyntaf yng Nghymru.

Ond i ddychwel at wŷr mawr eraill y Dadeni Dysg a gysylltir â'n Cyffiniau. Mae llewyrch ysgolheictod y Dadeni ar y gwŷr eraill a gysylltir â'r Beibl Cymraeg. Dyna Richard Davies (bu farw 1587) o dros y ffin yng Nghyffin, a fu'n cydweithio â William Salesbury ar ei Destament ac a fu yntau am gyfnod byr yn Esgob Llanelwy. Richard Parry, wedyn, o'r Cwm (1570-1623) a ddilynodd William Morgan yn Llanelwy ac y bu iddo ran gyda Beibl diwygiedig 1620 gyda Dr John Davies, yntau yr ysgolhaig mawr ei hun wedi ei eni yn Llanferres ychydig filltir-oedd o'n dalgylch.

Un o wŷr y Dadeni oedd John Jones, Gellilyfdy, o blwyf Ysgeifiog (bu farw c.1658). Yr oedd iddo ddiddordeb di-ben-draw ysgolheigion y Dadeni mewn hynafiaethau o bob math, ac yn ystod ei aml garchariadau (am ddyledion), llafuriodd i gopïo hen lawysgrifau y ceir ugeiniau ohonynt yn y Llyfrgell Genedlaethol heblaw rhai mewn lleoedd eraill. Mae Syr William Llewelyn Davies yn y *Bywgraffiadur* yn fawr ei ganmoliaeth i'w ddiwydrwydd a'i allu, a thystiodd Syr Thomas Parry "bod ei lawysgrifau ef y prydferthaf o'r holl hen lyfrau Cymraeg."

Yna, mae Humphrey Llwyd (1527-68) o Ddinbych, gŵr nodweddiadol o'r ysgolheigion hyn a Henry Salesbury (1561-1637?), meddyg a gramadegydd o blwyf Henllan ger Dinbych. Roedd Llwyd yn hynafiaethydd llydan ei ddiddordebau fel y dengys ei aml gyhoeddiadau. Roedd yntau fel eraill ohonynt yn cyfathrebu ag ysgolheigion y Cyfandir, peth o'i weithiau wedi eu cyhoeddi gan Abraham Ortelius yn Antwerp yn cynnwys mapiau hynafiaethol o Gymru a Lloegr. Mae ef wedi ei gladdu ym mynwent yr Eglwys Wen, Dinbych, lle y gorwedd Twm o'r Nant yr anterliwtiwr a Thomas Jones y diwinydd a'r emynydd.

Fe gredid yn gyffredinol hyd yn ddiweddar mai o Lansannan y deuai Tudur Aled, ond bellach fe dybir mai o Iâl tua'r dwyrain y deuai. "Bardd cwrteisi", a chanddo ef, gellir dadlau, y ceir "prydyddiaeth llys y beirdd Cymreig" ar ei gorau. Eithr er mai ynddo ef y cyrhaeddwyd uchafbwynt celfyddyd "y ganrif fawr" nid yw ei "awen galed" at ddant rhai ohonom ni yn ein hoes an-aristocrataidd. Ond gwreiddiodd ei epigramau cynganeddol fel ein-diarhebion yng nghof y genedl, pethau fel:

Hysbys y dengys y dyn
O ba radd bo'i wreiddyn.

Gorau yw dal y gair du
A niweidiol na'i wadu.

Gwlad y penceirddiaid dysgedig oedd Dyffryn Clwyd a'r cyffiniau medd G. J. Williams, ac ysgolheigion y cylchoedd hyn yn anad neb "a ddiogelodd yr hen iaith lenyddol yn ei phurdeb a'i rhoi yn y Beibl Cymraeg yn etifeddiaeth i holl genedlaethau'r dyfodol."

Dowch inni gyfeirio at ddwy ferch nodedig iawn o'n Cyffiniau. Bu Catrin o'r Berain (bu farw 1591) yn ffigwr chwedlonol braidd i lawer ohonom hyd nes i R. Cyril Hughes ein goleuo amdani. Roedd hi'n gyfyrder ar ochr ei mam i'r frenhines Elisabeth, ond nid ei gwehelyth a enillodd iddi'r enw o fod yn "fam Cymru" ond ei chysylltiad trwy ei phedair priodas â sawl un o deuluoedd bonedd Cymru. A'r ferch arall sy'n siŵr o fod yn haeddu ei lle gennym yw Angharad Llwyd (1780-1866). O'r diwedd dyma un o'r Rhyl ei hun y saif ei thŷ, Tŷ'n Rhyl, ar y stryd sy'n arwain allan o'r dref i gyfeiriad Rhuddlan. Merch ydoedd i John Lloyd, ciwrad ac wedyn rheithor Caerwys y bu Thomas Jones, Dinbych (1756-1820), ac Edward Williams, Rotherham, genedigol o Glanclwyd, Bodfari (1750-1815), yn ei ysgol — dau ddiwinydd ein dyffryn a dau gyda'r mwyaf dylanwadol hyd ddechrau'r ganrif hon. Hynafiaethydd oedd Angharad Llwyd, eisteddfodwraig selog gyda'i thraethodau hynafiaethol, a chopïydd llawysgrifau hefyd, y ceir llawer ohonyn nhw yn ein Llyfrgell Genedlaethol. Dalgylch yr Eisteddfod biau Thomas Pennant (1726-1798) o Chwitffordd, y naturiaethwr galluog a'r teithiwr mawr y cawn hanes tamaid o'i deithiau yn ei *Tours of Wales*, ei waith mwyaf hysbys i'r cyffredin ohonom. A dyna Moses Griffith (1747-1819) ei was a'i arlunydd, gŵr o Lŷn y mae toreth o'i ddarluniau ar gadw yn y Llyfrgell Genedlaethol ac mewn mannau eraill.

Mae Nantglyn yn ein Cyffiniau, ond fe aned Thomas Edwards (1739-1810) (Twm o'r Nant) yn nes atom ym Mhenporchell Isaf, Llannefydd. Dywed Dr Saunders Lewis y gellir olrhain prif themâu yr anterliwtiau yn ôl trwy feddylwyr yr Oesoedd Canol yr holl ffordd at Aristoteles, a'i fod yn fardd yn yr un traddodiad meddyliol â Dante, ac mae'n dal y "gellid sefydlu Twm o'r Nant ymhlith clasuron mawr y 18 ganrif". O Lannefydd hefyd y daeth William Roberts (Nefydd) 1813-

37

1872. Mae'n enghraifft nodweddiadol o Gymro prin ei fanteision y ganrif ddiwethaf a enillodd le yn yr oriel Gymreig, yn anhygoel ei ddiwydrwydd fel cynifer o'r Fictoriaid, yn weinidog, yn argraffydd, yn olygydd ac yn ymladdwr dros addysg.

Un arall yr oedd ei yrfa yn destun edmygedd mawr i'n teidiau a'n tadau oedd Syr Henry Jones (1852-1922). Yn enedigol o Langernyw, prentisiwyd ef yn grydd gyda'i dad (fel Nefydd), ond er yn gwbl brin ei fanteision fe ddringodd i fri mawr fel athronydd, ac eistedd yng nghadeiriau athroniaeth ym Mangor, St Andrews a Glasgow. Ond awyrgylch o anghofrwydd a dibristod sydd bellach yn yr Amgueddfa a wnaed o'i hen gartref. Collodd addysg yr orsedd oedd iddi yng nghalonnau'r werin, a Hegeliaeth hefyd yr oedd Syr Henry Jones yn lladmerydd mor huawdl iddi ei gorsedd hithau yn y byd athronyddol.

Mewn bedd dienw ym mynwent Llangernyw y gorwedd gweddillion Robert Roberts "Y Sgolor Mawr" (1834-1885) y dathlwn ganmlwyddiant ei farwolaeth eleni. Yn yr ucheldir hwn yn nes i Bandy Tudur y magwyd ef mewn tlodi yn un o un ar ddeg o blant. Bu yn ei dro yn was ffarm, disgybl yn ysgol Lewis Edwards yn y Bala, clerc, tiwtor preifat, ysgolfeistr, offeiriad a ddiurddwyd, ymfudwr i Awstralia a mewnfudwr oddi yno, ac ar hyd ei oes drafferthus yn chwilotwr a geiriadurwr. Mae pob tystiolaeth ei fod yn ŵr o alluoedd disglair ac o reddf gwir ysgolheigaidd. Ceir yn ei hunangofiant, *The Life and Opinions of Robert Roberts – a Wandering Scholar,* a ysgrifennodd yn Awstralia, ddisgrifiad byw, os tipyn yn drist a chwerw, o fywyd cymdeithasol Cymru ganol y ganrif ddiwethaf, er nad yw ei stori yn cyrraedd ond hyd ei 29 mlwydd oed.

A thra ydym yn ardal gyfoethog Llangernyw priodol, yn siŵr, yw enwi R. Dewi Williams, awdur *Clawdd Terfyn,* y gyfrol fach hyfryd honno o storïau yn pefrio o hiwmor Methodistaidd difalais.

Rhaid enwi'r ddau frawd o Lansannan, Henry Rees (1798-1869) a William Rees (Gwilym Hiraethog — 1802-1883), y naill yn un o'n pregethwyr mwyaf un, a'r llall yn llydanrwydd ei ddiddordebau yn ein hatgoffa am ddyneiddwyr mawr yr 16 ganrif, dim ond bod hwn o'r werin ddifreintiau, yr athrawiaeth efengylaidd yn llywodraethol ynddo, a bod iddo ymroad y diwygiwr cymdeithasol oedd yn beth dieithr iawn yn y lleill.

Ffigwr anhygoel braidd yn oes Fictoria ac yng nghefn gwlad Cymru oedd Talhaiarn (1810-70) o Lanfair T.H. wrth gwrs, yn eglwyswr a Thori yn anadlu awyr yr un fro â Thomas Gee (1815-1898), yn fohemiad diedifar yng nghanol parchusrwydd cynyddol oes Fictoria, yn aderyn lliwgar — i gamgymhwyso R. Williams Parry — yn disgyn ar fuarth yr ieir. Gwir y dywedwyd amdano ei fod "yn un o'r gŵyr cyhoeddus mwyaf cymhleth a welodd Cymru'r ganrif ddiwethaf."

A dyma Emrys ap Iwan (1851-1906) a aned yn Abergele ac a fu farw yn y Rhewl yn ymyl Rhuthun lle y gorwedd ei lwch. Rhyfedd yw meddwl, o bawb oedd yn cydoesi ag ef yng Nghymru, mai'r gŵr hwn a dreuliodd ei holl oes, ac eithrio ysbeidiau byr, yn weinidog mewn tair gofalaeth yn Nyffryn Clwyd, yw'r mwyaf ei ddylanwad ar ymwybod cenedligol y Gymru Gymraeg heddiw.

Rhaid inni enwi T. Gwynn Jones (1871-1949) o Fetws-yn-Rhos, yr athro prifysgol a adawodd ei ysgol yn 14 oed. Disgleirdeb llachar ei feistrolaeth awenyddol ef yw pennaf cyfraniad ein Cyffiniau i farddoniaeth Gymraeg yn yr ugeinfed ganrif.

Chawn ni ddim ond enwi ein glewion cyfoes. Dyna'r diweddar Dr Kate Roberts, "brenhines ein llên", Dinbych, a Lewis Valentine o Landdulas, un o arloeswyr y mudiad cenedlaethol cyfoes. Mae gennym bump prifardd yn fyw ac yn iach yn ein plith; Tilsli ym Mhrestatyn, Gwilym R. a Mathonwy yn Ninbych, Tom Huws yn y Rhyl ac Einion Evans ym Mhen-y-ffordd, Ffynnongroyw. O'n hardal y mae Emlyn Williams, wrth gwrs, y cofir am ei anerchiad yn Eisteddfod y Rhyl 1953. Cofier hefyd mai o'r Rhyl Seisnigedig y daw Ffred Ffransis sydd yn gydwybod inni i gyd. A'r gŵr disgleiriaf a gododd y Rhyl erioed yw'r Prifathro Tudur Jones toreithiog ei gynnyrch a'i gyfraniad y cydnabuwyd ei athrylith yn fyd-eang pan etholwyd ef i gadair Annibynwyr y Byd.

Ceinwen Roberts, Telynores Dyfrdwy, a glân forynion bro'r Esiteddfod yng nghylch yr Orsedd ar fore'r Cyhoeddi ym Mehefin 1984.

(Llun: Terry Williams)

A dyna Emyr Humphreys o'n hardal ni, mor aml ei ddoniau llenyddol. Na alwch mohono yn Eingl-Gymro. Cymro o waed coch cyfan ydyw, yn ein cyflwyno ni i ni ein hunain a'n dehongli yn deg i'r genedl dros y clawdd.

Cyfaddefwn mai Saesneg a glywch fwyaf hyd strydoedd y Rhyl. Ond ychydig flynyddoedd yn ôl doedd o ddim yn beth anghyffredin i blant rhieni cwbl Gymraeg yn ein tref golli eu hiaith. Go brin y caech chi, fel y cewch chi heddiw, rieni ifainc o Saeson yn selog am ddysgu'r iaith er mwyn medru siarad efo'u plant sydd yn yr ysgolion Cymraeg. Go brin hefyd y gwahoddid i lwyfan yr Eisteddfod wroniaid y genedl Gymreig oedd yno yn parablu ym 1892; nid amgen, Arglwydd Faer Llundain, yr Ardalydd Bute a'r Arglwydd Mostyn. A phrin y byddai'r Pwyllgor Llên yn derbyn yn afieithus gynnig hael yr Arglwydd Penrhyn o £10 o wobr am draethawd ar "Fanteision Medru Siarad Saesneg". Ond fuasem ni ddim yn gwarafun i Hwfa Môn ymddangos "fel pe bai newydd ddod allan o'r coed" fel y disgrifir ef gan ohebydd *Y Cymru* yn Eisteddfod 1892, a'i floedd enfawr am osteg yn peri i "ddyn y Punch and Judy", meddid, stopio'n stond yn gegrwth a chau ei stôl. A chofiwch fod yr hen wron amleiriog a ddaeth wedyn yn Archdderwydd yr Orsedd yn gorwedd yma ym mynwent y dref.

Aeth y pum bardd y cyfeirir atynt uchod yn chwech bellach! Ychwaneger enw'r Dr Aled Rhys Wiliam, bardd y Gadair yn Llanbedr Pont Steffan y llynedd.

Cadeirlan Llanelwy a'r Fro

Arwyn Rice Jones

Bellach, ers saith canrif y mae dwy amddiffynfa yn cadw golwg ar ddyfryn toreithiog Clwyd — y fynedfa i galon fynyddig Cymru yn y Gogledd. Y mae'r naill, sef Castell Rhuddlan, yn cynrychioli yr awdurdod seciwlar a fu gynt yn cadw'r gelyn draw a'r trigolion o gwmpas dan lywodraeth, a'r llall yn gadarnle Ffydd. Dyma Eglwys Gadeiriol Llanelwy sydd â'i thŵr yn parhau i hawlio sylw o bell ac agos i'r dystiolaeth Gristnogol a blannwyd yn yr ardal yn y chweched ganrif ac sy'n dal i ffynnu er gwaethaf popeth.

Yn wir, y mae hanes y fangre gysegredig hon a'i dylanwad ar y fro o'i chwmpas megis cyfres o luniau mewn oriel.

Darlunio natur a phwrpas eglwys gadeiriol fel prif eglwys yr esgobaeth a wna'r llun cyntaf. Yn draddodiadol disgrifir esgobaeth fel tiriogaeth arbennig sy'n cynrychioli awdurdod neu arolygiaeth esgob. Ond rhaid cofio mai ystyr wreiddiol y gair Saesneg *diocese* sy'n cyfateb iddo yw "teulu". Fel y gair "plwyf" sy'n hanfod o'r gair Lladin *plebe*, y mae'r pwyslais ar y bobl neu'r praidd Cristnogol yn hytrach nag ar hawliau tiriogaeth arbennig. Teulu Duw dan fugeiliaeth *esgob* yw *esgobaeth*. O edrych am funud ar fap o Ogledd Cymru diddorol yw sylwi fod tiriogaeth Esgob Llanelwy ers naw canrif yn ymestyn dros dair mil a hanner o filltiroedd sgwâr ac yn cynnwys Sir Clwyd, rhan o Wynedd (deoniaeth Penllyn) a gogledd Powys hyd at blwyf Dolfor, bum milltir i'r de o'r Drenewydd. Yn y cyfnod Normanaidd roedd pedair esgobaeth yng Nghymru yn cyfateb i'r pedair tywysogaeth — Gwynedd, Powys, Dyfed a Deheubarth. Roedd esgobaeth Llanelwy felly

Tynnwyd y llun hwn o ben tŵr yr Eglwys Gadeiriol yn Llanelwy. Tai'r ddinas sydd ym mlaen y llun a glannau Afon Elwy (sy'n llifo o Fryniau Hiraethog i gyfarfod ag Afon Clwyd ym mhwll Rhyd-y-ddeuddwr gerllaw Maes yr Eisteddfod) yw'r striped syth, di-dŷ o dir yng nghanol y ddinas. Yna gellir gweld ffordd osgoi'r ddinas a agorwyd yn niwedd y chwedegau. Ond draw ar "hen lineil bell" y gorwel gellir gweld yr arfordir, ac o graffu, Abergele ar y chwith eithaf a Phenrhyn Gogarth y tu hwnt iddo, a'r Rhyl ar yr dde eithaf. I'r tir o'r gorwel, ar y chwith eto, mae tŵr pigfain, gwyn yr Eglwys Farmor hardd sydd ym Modelwyddan. Wrth symud mymryn i'r dde gwelir adeilad mawr, gwyn, arall sef Ysbyty newydd Glan Clwyd. Ac i'r dde etc y mae adeilad gwyn arall sef Neuadd Pen-gwern. O fewn lled dau gae i'r hen stad hon y mae Maes y Brifwyl eleni. Ganrifoedd yn ôl dyma lle roedd Morfa Rhuddlan. Ond fe godwyd môr-glawdd ac fe gloddiwyd ffosydd yn drefnus yn y ganrif ddiwethaf a throi'r morfa yn wastadedd "ffrwythlon ir".

(Llun: Terry Williams)

yn cyfateb i dywysogaeth Powys. Yn naturiol mam eglwys yr esgobaeth a'r dywysogaeth oedd Cadeirlan Llanelwy. Dyna dŷ gweddi yr esgob ac yma y gosodwyd ei gadair ar gyfer dysgu'r ffydd i'w bobl a'u bugeilio. Doedd dim rhyfedd felly, gan fod yr esgobaeth a'r dywysogaeth mor eang, i drigolion deheudir Powys noddi a mabwysiadu eglwys Meifod fel eu prif eglwys. Roedd eglwys y plwyf ym Meifod yn gysylltiedig â Gwydd-farch, Tysilio ac yna yn y cyfnod Normanaidd fe'i cyflwynwyd yn ôl yr arferiad i'r Forwyn Fair. Ond yr oedd i eglwys Meifod hynodrwydd arall sef mai yno yr oedd claddfa tywysogion Powys.

Y mae'r ail ddarlun yn yr oriel yn olrhain gwreiddiau'r Ffydd Gristnogol yn yr esgobaeth a Chlwyd. Mae adeilad y gadeirlan yn dyddio o amser Esgob Anian yr Ail yn y drydedd ganrif ar ddeg. Adwaenid ef fel "Y Brawd du o Nannau" — brawd o Urdd y Dominiciaid ydoedd ac yn hanfod o Ruddlan. Ond y mae tarddiad y presenoldeb Cristnogol yn mynd yn ôl i'r chweched ganrif. Canlyniad pererindod oedd y cyfan. Tua chanol y ganrif cawn hanes Cyndeyrn, Esgob Ystrad Clud (ger Glasgow heddiw) yng ngwlad Cymry'r Gogledd, yn encilio o'i esgobaeth ar bererindod hyd at Fynyw (Tyddewi). Wrth dychwelyd oddi yno daeth ar draws llecyn braf a delfrydol ar gyfer sefydlu cell gweddi, wrth lan Afon Elwy yng Nghlwyd. Yn y fangre hon fe sefydlwyd ymhen amser gymuned Gristnogol oedd wedi ymrwymo i fyw bywyd cenhadol o weddi, ympryd a thystiolaeth. Pan ddaeth yn amser i Gyndeyrn ddychwelyd i Ystrad Clud ei olynydd yn Llanelwy oedd Asaph, ewythr Cadwallon Liw, Arglwydd Tegeingl. Yn wir, yn ôl traddodiad Cadwallon oedd prif noddwr y fynachlog gyntaf yn Llanelwy. Felly, gellir casglu mai cymhelliad cenhadol oedd y tu cefn i'r ymdrech i sefydlu cymuned Gristnogol yn Llanelwy.

Un o esgobion amlycaf yr Oesoedd Canol yn Llanelwy oedd yr Esgob Ieuan Trefor yn y bedwaredd ganrif ar ddeg, esgob y canwyd ei glodydd gan Iolo Goch. Roedd ei wreiddiau ym Mhowys a derbyniodd addysg eglwysig hynod oblegid fe arbenigodd nid yn unig mewn diwinyddiaeth ond hefyd fel cyfreithiwr a gwleidydd eglwysig. Fe fu'n gadarn ei gefnogaeth i'r brenin Richard yr Ail; ennynodd hynny ddicter Owain Glyndŵr ac anrheithiwyd ei gartref a'r eglwys gadeiriol yn Llanelwy, ond bum mlynedd cyn ei farw ymunodd Ieuan Trefor yntau â phlaid Owain Glyndŵr a'i ymdrech dros achos y Cymry. Roedd ganddo gryn ddiddordeb yn ei esgobaeth a bu'n ddylanwad mawr arni. Roedd ganddo gysylltiad arbennig hefyd â Llanmartin ger Croesoswallt a thybir mai ef oedd yn bennaf gyfrifol am hanes *Buchedd Sant Marthin*. Disgrifir ef gan Iolo Goch fel:

Prydllyfr Offerenllyfr ffydd . . .

a

Pennaeth o dadwysaeth da,

oblegid ei dduwioldeb a'i letygarwch.

Un o nodweddion amlycaf Eglwys Gadeiriol Llanelwy yn y
cyfnod hwn oedd canu'r côr yno. Tybir mai yng ngherdd Iolo
Goch i Ieuan, Esgob Llanelwy, y ceir y cyfeiriad cyntaf at ganu
côr eglwys ym Mhrydain. Yn ôl pob golwg yr oedd canu

*Dyma Eglwys Gadeiriol Llanelwy a'r gofgolofn ar ffurf llusern wythonglog a godwyd
ym 1892 wedi dathlu tri chanmlwyddiant cyfieithu'r Beibl i'r Gymraeg ym 1588. Ar bob
un o'r wyth ochr cydnabyddir ein dyled fel cenedl i'r wyth gwron a fu'n bennaf gyfrifol
am sicrhau'r Ysgrythurau yn y Gymraeg. Y cyntaf o'r wyth yw'r Dr. William Morgan a
ddaeth ym 1601 wedi cyflawni ei gampwaith yn Esgob ar Lanelwy. A'r saith enw arall
. . . Richard David Davies, Esgob Llanelwy 1560-1561; Richard Parry D.D., Esgob
Llanelwy 1604-1623; William Salesbury; Thomas Huet; Gabriel Goodman D.D.;
Edmund Prys a John Davies D.D.*

(Llun: D. Healy)

Y Tra Pharchedig Arwyn Rice Jones yn Eglwys Gadeiriol Llanelwy, Hydref 1982, wedi iddo gael ei ethol a'i ddyrchafu yn esgob.

(Llun: Terry Williams)

cerddoriaeth eglwysig wedi datblygu'n gynnar iawn yng Nghymru. Roedd cantorion ac organ yn Llanelwy yn gynnar yn y bedwaredd ganrif ar ddeg ac erbyn canol y ganrif yr oedd yno ganu pedwar llais — men (tenor), trebl a chwartrebl a byrdwn. Dyma sut y disgrifir canu'r offeren odidog yn Llanelwy gan Iolo Goch:

Offeren fawr hoff eirian
A gawn, a hynny ar gân,
Trebl, chwartrebl, awch atreg,
A byrdwn cyson, tôn teg.

Daw y darlun nesaf â ni i gyfnod y Dadeni a'r Diwygiad Protestannaidd. Honnai'r diweddar Athro G. J. Williams mai Dyffryn Clwyd a'r cyffiniau oedd cartref y Dadeni Dysg yng Nghymru. Gwŷr â chysylltiadau â'r eglwys ac â'r esgobaeth oedd y dyneiddwyr hyn, megis Dafydd Ddu Hiraddug — offeiriad Tremeirchion yn ôl y traddodiad, Gruffudd Hiraethog, William Middleton, William Salesbury a Humphrey Llwyd. Roedd y rhain wedi eu trwytho yn y traddodiad barddol ac eglwysig yng Nghymru'r Canol Oesoedd cyn iddynt ddod dan ddylanwad y ddysg glasurol newydd a'r diwygiad Protestannaidd.

O'r berw hwn y tyfodd y pwysau am gael Gair Duw yn iaith y bobl. "Mynnwch ddysg yn eich iaith . . . mynnwch yr Ysgrythyr Lân yn eich iaith", felly yr ysgrifennodd William Salesbury — mab teulu Plas Isa Llanrwst a Llansannan. Roedd adnabyddiaeth o Air Duw ac addysg ar gyfer dod ymlaen yn y byd yn bwysig iawn iddo ef a'i gymheiriaid. Yma roedd Salesbury yn ategu geiriau a ysgrifennwyd gan y dyneiddiwr enwog Erasmus yn ei *Enchiridon*. Dyma a ysgogodd Salesbury i gyfieithu y darlleniadau yn y Llyfr Gweddi Gyffredin i'r Gymraeg yn ei *Kynniver Llith a Bann*, ac ym 1567 y Llyfr Gweddi Gyffredin a'r Testament Newydd gyda chynorthwy yr Esgob Richard Davies, Esgob Llanelwy a brodor o'r Gyffin ger Conwy; a Thomas Huet, pencantor Eglwys Gadeiriol Tyddewi.

Yng ngywydd moliant Gruffudd Hiraethog i Humphrey Llwyd, brodor o Ddinbych ac Aelod Seneddol dros y fwrdeisdref honno, ceir tystiolaeth fod huodledd Llwyd wedi perswadio Tŷ'r Cyffredin i dderbyn y mesur Cyfieithu'r Beibl i'r Gymraeg ym 1563. Y tebyg yw mai'r Esgob Richard Davies a fu'n gofalu am lywio'r mesur drwy Dŷ'r Arglwyddi.

Gwŷr oedd yn gysylltiedig â'r eglwys gadeiriol a'r esgobaeth fu'n flaenllaw a dygn wrth y gwaith o gyfieithu, diwygio a threfnu ar gyfer yr argraffu yn Llundain am y trigain mlynedd nesaf: William Salesbury; yr Archddiacon Edmwnd Prys; yr Esgob Richard Davies; yr Esgob William Morgan; y Deon Gabriel Goodman o Ruthun a Deon Westminister; yr Esgob Richard Parry a'r ieithegwr y Dr John Davies, rheithor Mallwyd.

Ie, dyma restr anrhydeddus o gyfieithwyr a chymwynaswyr y Ffydd Gristnogol yng Nghymru. Yn briodol iawn felly teg yw cyfeirio at Gadeirlan Llanelwy fel Prif Eglwys y Cyfieithwyr yng Nghymru. Os sêl genhadol a roddodd fod i'r achos Cristnogol yn y fangre hon yn Llanelwy yn y chweched ganrif yr un sêl oedd yn gyfrifol am y gwaith dygn o ofalu fod Gair Duw ar gael yn yr iaith Gymraeg ddeg canrif yn ddiweddarach.

Trwydded Gruffudd Hiraethog

(Llawysgrif Peniarth. Yn llaw Lewys Morgannwg, 1546)

Bid hysbyssol i bawb o voneddigion â chyffredin o fewn sir-
oedd a thaleithiav Kymrv yn bod ni Siams Vychan, ysgwier,
Hvw ap Davydd ap Lewys, ysgwier, Lewys Morgannwc,
penkerdd ac athro kerdd dafawd, o fewn siroedd a thaleithiev
Kymrv trwy rym comisiwn gras y brenin Harri Wythfed o'r
henw, brenin Lloegr, Ffreingk ac Ewerddon, amddiffynnawdr
y ffydd, penn gorvchel ar y ddaear tann Dduw, Eglwys Loegr ac
Ewerddon, y ddwyfed vlwyddyn ar bymthec ar hugein o'y
deyrnas y ras ef, yr ym ni trwy rym yr vn komisiwn y rai sy vry,
nid amgen Siams Vychan, ysgwier, Hvw Davydd ap Lewys,
ysgwier, Lewys Morgannwc, penkerdd ac athro kerdd tafawd,
yr ym ni trwy awdurdod athrawon a hen benkeirddiaid eraill
o'r blaen yn tystiolaethv vod Gruffudd Hiraethawc, prydydd,
disgybl y Lewys Morgannwc, wrth ystatvd twysogion Kymrv
ymhvm llyfyr kerddwiriaeth kelfyddyd kerdd dafod y vod ef yn
abl diddiffic y gael gradd disgybl penkeirddiaid y gerdded, y
gael ac y ovyn ac y gymeryd roddion, ac o ewyllys da bonedd-
igion a chyffredin val y perthyno y radd disgybl penkeirddiaidd
y gaffel da. Yn dystiolaeth ar hynny yr ym ni yn troddi yn dwy-
law yn hvn yn ysgrivennedic a'nn selav. A Duw a gattwo gras y
brenin. Amen, amen, amen.

James Vaughan   Hugh Lewis
Myvi, Lewys Morgannwc

Cywydd i'r Doctor Morgan Esgob Llanelwy (detholiad)

Siôn Tudur (1520?-1602)
Prydydd y Wigfair ger Llanelwy

Yn athro mawr wrth rym wyd,
Urddas gwaed ar ddysg ydwyd:

Gwiniaist ordeiniaist air Duw,
Cost dibrin o'r text Ebryw:
Mil chwe chant mewn tyfiant teg,
Oed Duw oedd, onid deuddeg;
Pan y troist pob pennod draw
I'r bobl drist o'r Bibl drostaw.
Pa ynysoedd, pa nasiwn
Heb pwyll, fawr hap y llyfr hwn!
Gosodaist nodaist yn ôl
Gymraeg rwydd, Gymro graddol.
Taith rwydd gan Athro iddyn',
A phawb a'i dallt, a phob dyn.
Niwl a fu dros Gymru a'i gwŷr
A'n dallu a wnai dwyllwyr;
Dwyn y gannwyll doe'n gynnen,
Dwyn pwyll a gair Duw o'n pen!

Gloyw ddwys bryd gledd ysbrydawl,
Gair Duw yw'r arf a darf diawl!
Gair y Tad, treiglad tra glew,
Yw'r garreg dwyth a'r graig dew.
Iesu'r graig sy rywiog rad,

Yno dylwn adeiliad;
Nid ar dir graian-dir dro,
Yn sail faen a'i sylfaeno;
Byr i enaid braw annoeth,
Pardwn Pab rhag purdan poeth.
Pan farnai Dduw poen fwrn dda,
Pwy yw'r dyn a'n pardyna?
Gorau pardwn gwn a gaid
Gwaed yr Oen i gadw'r enaid.
Llawenydd yn nydd a nos,
Llawenychwn llawn achos;
Dwyn gras i bob dyn a gred,
Dwyn geiriau Duw'n agored;
Gwnaethost drwy egni weithian,
Act o rugl waith Doctor lân.

Hen fardd, e fu hardd fy hynt,
Wyf, a hynaf o honynt;
Fy mryd yn fy mro ydyw
Derfynu f'oes dra fu'n fyw;
Tario 'nghansel Llan Elwy
Heb allu mynd i bell mwy;
A chanlyn gair, iawn air oedd,
Iesu madws i'm ydoedd;
Darllen yn ffel hyd elawr
I bobl y mwth y Beibl mawr!
Gofyn rwy' i ddyn rodd dda,
Gofyn y Beibl yn gyfa';
Dod y gyfraith air maith i mi,
Praff adail, a'r Proffwydi;
Yr holl gyfraith freisg-waith frau
A'r Efengyl arf angau.

Cyhoeddi Eisteddfod Gyntaf Caerwys
1523

Bid hysbys i bawb o Foneddigion, fod Eisteddfod ar wŷr wrth Gerdd Dafawd a Thant, o fewn Tref CAERWYS, yn Sir y Fflint, yr ugeinfed dydd o fis Gorphenaf, yn y bymthegfed flwyddyn o goroniadigaeth y Brenin Harri VIII., gar bron Richard ap Howel, ap Ifan Fychan, Esquier, yn yr unrhyw Sir, drwy gyttundeb Syr William Gruffydd, Farchog urddol, Siamberlen Gwynedd, a Roger Salsbri, Esquier, Stiwart Dinbech; drwy bersonol gyngor Gruffydd ap Ifan, ap Llewelyn Fychan, gŵr bonheddig; a Tudur Aled, Bardd cadeiriog, a llawer o foneddigion a doethion eraill, oeddynt yn gwneuthur ordor a llywodraeth ar Gerddwyr, ac ar gelfyddyd, nid amgen i gadarnhau a chonffirmio y Pencerddiaid, a'r sawl a gafas gradd yn y blaen; ac i raddio y sawl a'i haeddo; ac i roddi i eraill ysbâs i ddysgu, ac i fyfyrio yn nesaf ag y galler wrth reolau, ac wrth yr hen Statutes GRUFFYDD AB CYNAN, Tywysog ABER-FFRAW.

Caerwys

(Rhan o gyfieithiad yr Athro John Rhys, Rhydychen o Tours y crwydryn enwog Thomas Pennant)

Yn y fan lle y mae dyffryn Nanerch yn ymuno âg eiddo Bodfari, esgyn i *Gaerwys,* tref ag sydd yn ymddadfeilio gan henaint. Cynhwysa bedair o heolydd yn croesi eu gilydd yn gywironglog yn ol pedwar pwynt y cwmpas. Y mae ei henw, fel y mae Camden wedi sylwi er's hir amseroedd, yn sawru o hynafiaeth mawr — *Caer,* neu amddiffynfa, a *Gwŷs,* neu alwad, yr hyn a arddengys fod y dref yn yr hen amseroedd, yn fan lle y gweinyddid cyfiawnder. Ni bydd i mi haeru iddi fod unwaith yn orsaf Rufeinig, er fy mod wedi clywed, ar awdurdod gredadwy, fod nifer o fathodynau copr wedi eu cael mewn pant islaw y dref yn ystod y ganrif bresenol (y ddeunaw-fed;) ac y mae eto yn aros yn y plwyf, gerfiad Lladin, wedi ei dori mewn llythrenau aflerw ar gareg ar ei phen, heb ei naddu, i'r effaith yma; *Hic jacit mulier bo . . . obiit.* Y mae y gareg yn 4 troedfedd 6 modfedd o uchder, ac yn dair troedfedd o led. Y mae lluoedd o *garneddau* claddu yn wasgaredig hyd y gymdog-aeth, ac un yn bur agos i'r gareg hon. Y mae yn dra thebygol fod y gwastadedd hwn wedi bod rywbryd yn faes y gâd. Pa un a ydyw y gareg yma yn cofnodi rhyw wrones a laddwyd yma, nis gallaf ddyweyd.

Caerwys, ynghyda thref arall yn y gymdogaeth ag sydd yn awr wedi diflanu, a elwid Tref Edwyn, a Rhuddlan, a fuont, er yn dra boreuol, yn eisteddleoedd brawdlysol y rhanau hyn o Gymru. Yn 1281, pendefigion Tegengle a osodasant o flaen archesgob Caergaint (yr hwn a ddaethai i lawr gyda'r bwriad Cristionogol o derfynu yr anghydwelediad rhwng Iorwerth I a

Llewelyn) eu cwynion o berthynas i'r trais a wneid ar eu rhydd-freiniau yn y lle; gan sicrhau, mai un ragorfraint o'r eiddynt oedd cael eu barnu yn ol cyfreithiau Cymru, yn y tri lle a nod-wyd; ac fod dynion goreu y wlad yn cael eu carcharu am y dymunent gael barnu eu hachosion yn Nhref Edwyn, yn ol cyfreithiau Cymru. Pa mor bell y cafodd eu cwynion sylw, nid ydym yn gwybod; ond pan sefydlwyd llysoedd mewn amser-oedd ar ol hyny, adfeddiannodd Caerwys ei hanrhydedd hynafol. Yn y dref hon y cynelid y prif frawdlysoedd. Yr oedd ganddi ei neuadd drefol, a'i charchar, ac yma y dienyddid hefyd. Parhaodd felly hyd rywbryd ar ol canol yr eilfed ganrif ar bymtheg, pryd y symudwyd y llysoedd prawf i Fflint.

Tri Chryfion Byd
sef
Cariad, Tylodi ac Angau
Anterliwt

Twm o'r Nant

(detholiad o'r sgwrs rhwng Cariad a Rhinallt y Cybydd)

RHINALLT: Wel, os maddeuir i wŷr y gyfreth,
Fe wneir ag y nhw lawer o ffafreth,
'Ran ni faddeuan' nhw i undyn mewn un man,
Oni fydd yn rhy wan i 'medleth.

CARIAD: Â'r llathen y mesuront, mae'n wir y siarad,
Y mesurir iddynt hwythe'n ddiwad,
O ddiffyg derbyn gras ar daith,
O gywren berffaith gariad.

RHINALLT: Yr ych chwi'n wraig wedi bod ar drafel,
Yn gwybod peth am Dduw a chythrel,
A wnewch chwi wrando, heb fod yn ddig,
Ryw 'chydig ar fy chwedel?

Mi draetha'r gwir o'r dechre
Fel y bu rhwng fy mrawd a minne;
Am eiddo ein mam, trwy natur flin,
Yr aethom i drin cyfreithie.

Mae mrawd yn offeiriad, ail i Pharo,
Gwae fi o'm gofid ymhel ag efo!
Ond mi es i Lanelwy'n gyntaf peth,
Ac a ddarfum am gyfreth gwafro.

Ac'r oeddwn yn coelio unweth o'm calon,
Fod pobl Llanelwy'n lled angylion,
A pheth oeddynt hwythe'n haid,
Ond diawliaid o hudolion.

Gwrando ar eu *nonsense* yno'n unswydd,
"Dowch yma'r cwrt nesa', chwi gewch
    drefnusrwydd":
O! mi weries arian olwg serth,
Wrth ga'lyn eu hanferth gelwydd.

Dweud wrtha'i rai troie mod i'n siwr o'r treial,
Am na hidiwn mewn coste, gan gael dywad cystal,
"A'r cwrt nesa' drachefn, fe fydd y mater i chwi",
Ond eisie naw gini i'w gynnal.

Mi fum felly'n eu dilyn, i dalu, ac i dalu,
O'r diwedd mi es yn hyllig, wrth o hyd gael fy
    nallu;
Mi ganlynaf arnynt hwy'n bur sownd
Yn y funud am fy nghownt i fyny.

Ac ni choelia'i na chefes yr hen or'chafieth,
'Roeddynt hwy o'm cwmpas, fel cwn wrth
    ysglyfeth,
'Doedd dim a wnai'r tro, fesur dau neu dri,
Ond arian yn ddidoreth.

'Roedd cost eu papur yn mynd yn anferth,
Chwech swllt a cheiniog am bob dimeuwerth,
Heblaw peth ffiedd iddynt hwy o ffis
At yr offis am eu trafferth.

Ond y felltith iddynt, o wir gaeth ddiodde,
Fe aeth arna i'n Llanelwy gost anaele:
Mi feddylies gwedi, o'm cledi clir,
Mai cyfreth y sir sydd ore.

Mi eis at gyfreithiwr o flaen y sessiwn,
Wel, fe wnai hwnnw'n fanwl imi'r peth fyd a
    fynnwn,
A rhwygo, a dondio, a thyngu'i fyn diawl
Yn ollawl yr ynillwn.

Minne, yn fy ffoledd, a werthes fy nghyffyle,
A 'ngwartheg a f'ychen, gael arian i'w fache,
A ffio *consellors* ar draws ac ar hyd,
'Doedd dim yn y byd a safe.

Ceisio dau ŵr o gyfreth i goleth ac i ga'lyn,
Un o Ddinbych a'r llall o Ruthyn;
Ond yn y diwedd y fi a fu'n ffŵl,
Nhw aethon' a'r cwbl rhyngthyn'.

Calennig i Gymru

Talhaiarn

Gwyn fy myd pe gwelwn Gymru
A'i llu annwyl yn llawenu,
A phob llan a thref yn crefu
Mwy o gynnydd, mwy o ganu:
 Cymru lân, gwlad y gân,
 Cymru lân, gwlad y gân;
 Hyfrydwch bardd yw arddel
 Tonau mêl y tannau mân.

Dyma 'ngwaedd a dyma 'ngweddi
O fy nghalon i fy Ngheli —
I'r wlad hen lle ces fy ngeni
Byd o loniant boed eleni
 Cymru lân, . . .

Boed it fara gwyn a 'menyn,
Cig a chawl i'th hawl, a thelyn,
Chwarae mawl a chwrw melyn,
Difai wledd ar hyd y flwyddyn;
 Cymru lân, . . .

Llai o rincian coeg ogonau
Hen garolwyr llên gwerylau;
Mwy o wenau ar dy enau,
A dy lonaid o delynau:
 Cymru lân, . . .

58

Robert Roberts (Y Sgolor Mawr)

Nid oedd carreg fedd i goffáu'r Sgolor Mawr ym mynwent
Llangernyw tan i dri chyfaill benderfynu cywiro'r sefyllfa.
Ymhlith y tri yr oedd y prifardd T. Gwynn Jones o Fetws-yn-
Rhos. Fel hyn yr ysgrifennodd ef at un o'r ddau gyfaill ym
1927.

"Dyma i chi ddwy linell (mesur englyn unodl union, ond heb
odli, yn null 'Madog', sy'n cyfateb i'r elegiac Groeg, ac felly yn
gwbl bwrpasol ar garreg fedd). Gan ei fod yn go hir, a gaf fi dalu
i'r torrwr am ei dorri, a bod felly'n gyfrannog â'ch cyfaill a
chwithau, ar yr un tir, sef na wypo neb ond chwi'ch dau pwy
wnaeth y pennill nag a rois gyfran at y peth. Mi fyddwn yn
ddiolchgar iawn am yr anrhydedd.

> Byr fu ysblander y bore, diweddwyd
>   Y dydd mewn cymylau,
>   Hyn gan ryw estron galonnau,
>   Er cof am y trysor coll."

Wedi cael y garreg a'r arysgrifen arni cynllwynwyd i fynd i'r
fynwent i osod y garreg ar y bedd. Ymunodd yr offeiriad â hwy
"ar ddiwrnod gwlyb aruthr" i gyflawni'r gwaith. Ond er
syndod i'r tri "chyfaill" datgelodd yr offeiriad y stori i bapur
Saesneg drannoeth ac ymhen dim roedd yr hanes yn dew yn y
papurau Cymraeg hefyd.

Angharad Llwyd 1780-1866

Mari Ellis

Angharad Llwyd yw'r unig ferch a ddaeth yn amlwg ym mudiad yr eisteddfod ar ddechrau'r ganrif ddiwethaf. Mae'n wir fod yna ferched eraill yn cystadlu ac yn ennill, ond nid oeddynt yng nghanol y berw, fel yr oedd hi. Yn sicr, ni feddai yr un ohonynt ar ei chymwysterau hi fel hanesydd a hynafiaethydd. Yn ddiweddarach daeth Augusta Hall, Gwenynen Gwent, i gymryd rhan flaenllaw yn eisteddfodau'r Fenni, ar ôl ennill gwobr am draethawd yn eisteddfod Caerdydd, 1834. Ond arall oedd ei doniau hi.

Merch oedd Angharad i John Lloyd, person Caerwys. Fe'i bedyddiwyd yn Anne ar 17 Ebrill 1780. Roedd ganddi ddwy chwaer hŷn na hi, Elizabeth a Helena, a brawd, Llewelyn; yna 'roedd dwy chwaer, Katherine a Diana, a dau frawd, Robert Watkin a John Cadogan yn iau na hi. Hi, yn anad yr un ohonynt, a etifeddodd ddiddordeb ei thad mewn hanes a hynafiaethau, er bod ei brawd Llewelyn, ficer Nannerch, yn canlyn eisteddfodau ar ddiwedd y ddeunawfed ganrif, ac yn un o'r "personiaid llengar", er nad oes fawr o'i waith ar glawr. Treuliodd Angharad flynyddoedd yn copïo llawysgrifau ac yn chwilio achau teuluol Cymru. Y mae yn Llyfrgell Genedlaethol Cymru yn Aberystwyth bymtheg a thrigain o gyfrolau trwchus, rhai ohonynt yn cynnwys llawysgrifau a gasglodd John Lloyd ac eraill yn rhai a gopïodd ef, ond y rhan fwyaf yn ffrwyth llafur Angharad ei hun.

Mae'n ofynnol gwybod rhywbeth am yrfa John Lloyd er mwyn medru lleoli Angharad yn ei chefndir. Fe'i ganed ym 1733 yn fab i John Lloyd, Bodidris, Llanarmon-yn-Iâl, yntau'n fab i Richard Llwyd o Gwm Bychan yn Ardudwy. Pan oedd yn llanc, llysenwid ef yn Blodau Llanarmon; dyna ddull yr oes o gydnabod rhagoriaeth. Cafodd ei addysg yng Ngholeg Iesu, Rhydychen a graddio ym 1757. Ym 1761 penodwyd ef yn gurad Caerwys, ac yn yr eglwys yno y priododd â Martha Williams ym mis Ionawr 1769. Canodd Hywel ap Robert o'r Yri gywydd priodas iddynt. Cafodd fywoliaeth Nannerch ym 1774, eithr ni fu'n byw yn y plwyf hwnnw, ond aros yng Nghaerwys a chadw curad yn Nannerch. Daeth bywoliaeth Caerwys yn eiddo iddo ym 1778 ac yno y bu nes ei farw ym 1793. Wrth gyfeirio at John Lloyd mewn cyhoeddiadau print-iedig, dywedir iddo fod yn gydymaith i Thomas Pennant ar ei deithiau trwy Gymru, ac mai ef oedd yn gyfrifol am y cyfeir-iadau hanesyddol yn y cyfrolau. Ond yr oedd Philip Yorke, Erddig, yn nes ato fel cyfaill, ac yn ei alw'n *Bloddy*, sef ei ynganiad ef o *Blodau*. Pwysodd yn drwm ar wybodaeth John Lloyd wrth baratoi ei lyfr *The Royal Tribes of Wales* (1799). Yn wir mae rhywun yn cael lle i amau a welsai'r gyfrol honno olau dydd o gwbl oni bai am waith ymchwil Lloyd. Ef oedd yn gyfrifol am gywirdeb yr achau ac am yr "Armorial bearings of the twenty Tribes", chwedl Philip Yorke. Un arall a fanteis-iodd ar ei wybodaeth oedd William Warrington, awdur llyfr ar hanes Cymru.

Heblaw ymchwilio i hynafiaethau a gofalu am eneidiau ei blwyfolion, gweithredai John Lloyd fel Is-Oruchwyliwr Helfa Caerwys. Mae ei gyfrifon, yn saithdegau'r ddeunawfed ganrif, ar gael. Ef oedd yn talu i'r gwahanol helwyr a'r gwesteion a threfnu'r ciniawau a'r gwasanaethau dyddiol yn yr eglwys. Prynai win, rym a brandi i'r helwyr a chwrw i'r gweision; llogai delynorion a ffidlerwyr i ddifyrru'r cwmni ac ef oedd yn gyfrifol am fwyd y bytheiaid. Yn rhestr y gwŷr bonheddig a berthynai i Helfa Caerwys, gwelwn enwau'r rhai a groesawai Angharad i'w tai yn nes ymlaen i weld eu llyfrgelloedd. Yr oedd cysylltiad ei thad â'r teuluoedd bonheddig hyn yn fanteisiol i Angharad. Golygai eu bod yn gallu ei derbyn i'w tai mewn oes pan oedd pob haen o gymdeithas yn "gwybod eu lle", a theimlai hithau'n ddigon hyf arnynt i fynd ar eu gofyn am

Darlun o Angharad Llwyd gan Arglwyddes Llanofer.

danysgrifiadau i lyfrau Cymraeg. Dyna'r unig ffordd, bron iawn, i gael cyhoeddi llyfrau yn y cyfnod hwnnw. Edrychai Angharad ar y boneddigion fel arweinwyr naturiol y gymdeithas, a'u braint hwythau oedd noddi llenorion Cymraeg, megis y noddai eu cyndeidiau y beirdd, gynt.

Pan gychwynnodd y personiaid llengar yr eisteddfodau taleithiol, yr oedd yn naturiol iddynt gynnwys Angharad ymhlith noddwyr eisteddfod talaith Powys. Ni fu Angharad yn yr eisteddfod gyntaf yng Nghaerfyrddin ym 1819, ond cafodd yr hanes gan ei chyfaill Peter Roberts, person Llanarmon Dyffryn Ceiriog. Daeth ef adref o bwyllgor yng Nghaerfyrddin, ac anfon i ddweud wrth Angharad mai Syr Watkin Williams Wynne fyddai llywydd eisteddfod talaith Powys. Cynhaliwyd yr eisteddfod ar 13 a 14 Medi 1820 yn Neuadd y Dref, Wrecsam. Yr oedd ym mwriad y beirdd i gynnal Gorsedd yn Rhiwabon, ond methwyd â'i chynnal oherwydd y glaw, er mawr siom i Angharad, oherwydd roedd hi a'i chyfeilles Hester Lynch Cotton i gael eu hurddo gyda gradd Ofyddes yno. Neilltuwyd seddau arbennig i'r merched yn yr eisteddfod ar ddwy ochr i'r llwyfan y tu ôl i'r beirdd a'r telynorion. Merched bonheddig oedd y rhain. Anfonodd Gwallter Mechain lythyr at Angharad wedi'r eisteddfod yn addo y cawsai ei derbyn i'r Orsedd yn eisteddfod Maelienydd ymhen y flwyddyn, ac yn amgáu englyn i'w chysuro.

Ond yn y cyfamser fe ddarfu i'r beirdd a ddaeth ynghyd yng nghartref Ifor Ceri ar y Calan 1821 gynnal Gorsedd yno yng Ngheri, ac fe dderbyniwyd Angharad a Hester Cotton yn Ofyddesau bryd hynny yn eu habsen.

Trwy arwisgo Ieuan Glan Geirionydd yn eisteddfod Wrecsam y daeth Angharad i adnabod y gŵr ifanc hwnnw o Drefriw. Enillodd fedal arian am gywydd "Hiraeth Cymro am ei Wlad", ond ar ben hynny datgelwyd mai ef oedd Plorator, awdur yr awdl fuddugol yn eisteddfod Llanelwy ym 1816. Bu enw'r enillydd yn ddirgelwch, a newydd glywed am lwyddiant ei awdl yr oedd Ieuan ei hun. Daeth i Wrecsam gyda llythyr o gyflwyniad i'r Arglwydd Mostyn, arweinydd yr eisteddfod. Yr oedd hwnnw mor llawen â neb o ddatrys dirgelwch Plorator. Bu'r

63

Tŷ'n Rhyl, cartref Angharad Llwyd. (Llun: Rolant Ellis)

ennill dwbl hwn yn foddion i dynnu sylw'r personiaid llengar at y gŵr ifanc, a dylanwadwyd arno i geisio am urddau eglwysig. Sefydlwyd cronfa i dalu am ei addysg, a bu Angharad yn casglu'n ddiwyd ymhlith ei chydnabod am danysgrifiadau.

Pan gynhaliwyd eisteddfod talaith Gwynedd ym 1821, aeth Angharad i aros at Peter Bailey Williams, person Llanrug, mab Peter Williams yr esboniwr, ac un yn meddu ar nifer o hen lawysgrifau. Cafodd Angharad gyfle i'w copïo a rhoes Peter Bailey Williams lawer o gymorth iddi'n ddiweddarach. Cafodd fenthyg tablau achau gan Ddafydd Ddu Eryri i'w copïo gartref hefyd.

Ni fu Angharad yn eisteddfod daleithiol Aberhonddu ym 1823, ond cafodd yr hanes yn gyflawn gan W. J. Rees, Casob. Iddo ef ac i Ifor Ceri a Gwallter Mechain y mae ein diolch am lawer o wybodaeth am Angharad. Derbyniodd y tri lythyrau meithion oddi wrthi. Cadwodd W. J. Rees bob llythyr a dderbyniodd oddi ar iddo adael cartref, ac y maent erbyn hyn yng nghasgliad Tonn yn Llyfrgell Caerdydd. Ni chadwai Angharad y llythyrau a dderbyniai hi oni bai eu bod yn cynnwys gwybodaeth hanesyddol neu achyddol a fyddai o fudd iddi yn ei gwaith.

Bu'n gohebu â Samuel Rush Meyrick o 1821 hyd 1832. Ef oedd awdur *The History and Antiquities of the County of Cardigan* (1810) ac roedd yn awdurdod ar arfwisgoedd. Hanes, herodraeth ac achau teuluoedd arbennig yw pwnc y llythyrau, ond fel gyda phob gohebiaeth gyfeillgar, gellir casglu manylion diddorol am fywyd, syniadau a symudiadau'r sgrifennwr a'r un sy'n derbyn y llythyrau. Ni fedrai Meyrick fawr o Gymraeg, a chyfieithodd Angharad y cywyddau Cymraeg iddo yn ogystal â chopïo cofrestri plwyf ar ei ran a'i helpu gydag achau teuluoedd. Braidd yn hygoelus oedd Angharad, yn rhy barod i gredu popeth a ddyrchafai Gymru.

Ym 1823 penderfynodd Angharad baratoi argraffiad newydd o lyfr Syr John Wynn, *A History of the Gwydir Family*. Yn ôl Peter Bailey Williams, yr oedd llawer o wallau yn argraffiad Barrington (1770) a bu'n ymchwilio mewn llawysgrifau a llyfrau printiedig dros Angharad. Ond rhoes hi'r gwaith o'r neilltu am gyfnod er mwyn cael cystadlu yn eisteddfod daleithiol Powys yn y Trallwng ym mis Medi 1824. Cynigiwyd gwobr am gatalog o'r llawysgrifau'n ymwneud â Chymru a oedd i'w cael ym Mhowys, gan nodi eu cynnwys, eu hawduron a'u cyflwr, ac ym mha lyfrgelloedd yr oeddynt. Dyma bwnc wrth fodd calon Angharad, gan ei bod eisoes yn gyfarwydd â llawer o'r llyfrgelloedd preifat. Cystadleuydd arall oedd Aneurin Owen, mab William Owen Pughe. Gan eu bod yn gyfeillion, dangosent eu gwaith i'w gilydd, ac ym mis Awst cyn yr eisteddfod dywedodd Angharad wrth Ifor Ceri mewn llythyr ei bod yn disgwyl Aneurin yno drannoeth i weld ei hymgais hi, ac i ychwanegu atodiad at ei gatalog. Yr ail wobr a gafodd Angharad, medal aur wrth gadwyn. Cyhoeddwyd y gwaith yn ail gyfrol *Trafodion y Cymmrodorion* (1828). Ymwelodd Angharad â naw ar hugain o lyfrgelloedd; un Wynnstay oedd y fwyaf o lawer. Gwrthodwyd caniatâd iddi weld llawysgrif Brogyntyn.

Yn y cyfamser yr oedd wedi dechrau ar draethawd a alwai yn ''Welsh Genealogies'' i'w gyflwyno i gystadleuaeth Cymdeithas y Cymmrodorion yn Llundain. Anfonodd hwn at Rush Meyrick, a'i canmolodd, ond daliai W. J. Rees nad oedd mewn cyflwr i'w gyhoeddi fel yr oedd, a chynigiodd ei helpu. Aeth 1825 heibio heb i'r gwaith gael ei gyflawni, ac yr oedd yn fis Mehefin 1826 cyn i'r traethawd gael ei gwblhau'n foddhaol.

Aeth Angharad â'r traethawd i Lundain a dyfarnwyd iddi wobr o bum gini a medal arian, ond oherwydd blerwch, ni chafodd y fedal yn y man a'r lle na chlywed y feirniadaeth yn llawn. Daeth William Owen Pughe yn unswydd i Gaerwys yn ystod yr haf i gyflwyno'r fedal iddi, ond hi ei hun a brynodd y gadwyn i'w hongian am ei gwddf.

Ar y Llungwyn 1823 trefnodd Richard Richards eisteddfod yng Nghaerwys. Llewelyn, brawd Angharad, oedd y llywydd a daeth Bardd Nantglyn a John Blackwell, Alun yno. Daethai Blackwell i amlygrwydd mewn eisteddfod yn Rhuthun, lle gwnaeth enw iddo'i hun fel areithydd. Y prif westai oedd John Jones, Tegid, a gydag Angharad a'i chwiorydd yn y Siambr Wen yr arhosai. Gwahoddodd Angharad rai o'r beirdd yno i'w gyfarfod. "Yr oedd pump o feirdd yn y tŷ," cofnoda yn un o'i llyfrau, "sef, Rhob Davies o Nanclyn, William Williams o Ddinbych, Rhobert Parri, Eglwys Fach ag Ioan Tegid." Angharad ei hun oedd y pumed!

Ieuan Ddu o'r Wyddgrug oedd enw barddol Blackwell y pryd hynny, cyn iddo benderfynu ar Alun, a gwnaeth bennill i Angharad o dan yr enw barddol hwnnw:

Rhiw foneddiges gynnes gaed
O wladol, awenyddol nwyd;
Rhed y gainc tra rhedo gwaed
Fel llif i foli Llwyd.

Ym 1827 yn Rhuthun cyhoeddwyd argraffiad Angharad o *The History of the Gwydir Family by Sir John Wynn.* Ni roes ei henw wrtho, ond ychwanegu *Now re-edited with additional notes by a Native of the Principality.* Bu'n rhaid iddi ymorol am danysgrifwyr cyn y gwnâi'r cyhoeddwr ddechrau argraffu, yna addawodd £21 iddi a deuddeg copi o'r llyfr.

Pan gyhoeddwyd testunau eisteddfod talaith Powys yn Ninbych ym 1828, cafodd Angharad destun a apeliai ati ". . . their prize for an account of Castellau y Fflynt I am inclined to contend for . . ." meddai wrth Ifor Ceri. Wrth ei gyfansoddi darllenai rannau allan i'w chwaer Helen, ond mynd i gysgu a wnâi honno! Cafodd y traethawd yr un effaith ar Wallter Mechain, ond dyfarnwyd y wobr i Angharad dan y ffugenw Buddug.

Cynhaliwyd yr eisteddfod honno yn Nghastell Dinbych am dridiau, ond nid aeth Angharad yno i glywed y feirniadaeth. Gall hyn beri syndod i ni heddiw, ond yn ôl safonau'r oes honno, ymgroesai merch fonheddig rhag gwneud unrhyw osgo at ddangos ei hun. Cyfuniad o swildod a gwyleidd-dra ydoedd, mae'n debyg. Aeth gyda'i chwaer i Gaer, a dywedodd wrth Wallter Mechain, "We may be induced to go to hear the harp competition, you know my reason for not going the day previous." Pan gyhoeddwyd enw'r buddugol, a chael nad oedd Angharad yn bresennol, perswadiwyd gwraig fonheddig i gael

Castell Dinbych.

68

ei harwisgo yn ei lle. Ond yr oedd ei bonet mor fawr fel na fedrai Syr Edward Mostyn gael y ruban drosto, er mawr ddifyrrwch i'r gynulleidfa. Llun o Gastell Rhuddlan oedd ar y fedal, a'r wobr ariannol yn saith gini.

Cyrhaeddodd Angharad i'r eisteddfod drannoeth, yr un diwrnod ag yr ymddangosodd y Dug Sussex, brawd y brenin. Yr oedd y lle'n ferw, ond nid ar gorn Angharad! Cynhaliwyd dawns fawreddog yn Neuadd y Dref y noson honno, ac roedd Angharad ymhlith y rhai a gyflwynwyd i'r Dug. "All His Royal Highness' Blarney I received with profound curtsey" meddai wrth ddanfon yr hanes i Ifor Ceri.

Ni chyhoeddwyd y traethawd ar gestyll Sir y Fflint, ac fe'i ceir ymhlith llawysgrifau Angharad yn y Llyfrgell Genedlaethol, gyda nodiadau'r beirniad ar ymyl y tudalennau. Mae yno hefyd ddrafft ar gestyll Sir Drefaldwyn a Sir Ddinbych.

Ni ddiogelwyd yr un o lythyrau Angharad at ei brodyr a'i chwiorydd, felly ychydig a wyddom am ei bywyd personol, gartref. Mae'n sôn wrth ei chyfeillion am gael y cynhaeaf i mewn yn ddiogel, am hau hadau a gosod yr ardd ac unwaith am ymestyn ystafell yn ei thŷ er mwyn cael mwy o le i lyfrau. Mewn tŷ o'r enw Siambr Wen yng Nghaerwys y bu'n byw ar ôl marw ei thad, nes iddi symud i Dŷ'n Rhyl ym mhedwardegau'r ganrif. Cawn ambell gip ar ei bywyd yn y tai mawr lle roedd yn copïo llawysgrifau. Gorffennodd lythyr at Ifor Ceri o Langedwyn gyda'r frawddeg . . . "I am occupied all day in transcribing the most valuable vol: of Pedigrees in existance and at night playing with Mrs. Williams Wynn. Lady Williams Wynn and Mrs. Biddulph, who are now looking at me rather wishfully so I cannot say more . . ."

Bu farw Dirion, ei merlyn ffyddlon ym 1828. Sgrifennodd i ddweud yr hanes wrth Wallter Mechain, "My Dirion is dead . . . I never left off stroking his dear cefn till he dropt down; it is supposed to have been apoplexy." Wrth W. J. Rees dywedodd mai cael rhy ychydig o waith oedd achos ei farwolaeth, " . . . poor, faithful Dirion. I have had another, but despair of ever getting his equal." Claddwyd ef yn anrhydeddus o dan gysgod hen dderwen. Dirion oedd enw ei olynydd hefyd, ac y mae lle i gredu iddo ef dynnu ei cherbyd cyn belled â Llundain.

Does dim un o'i llythyrau sy'n disgrifio eisteddfod Biwmares 1832 wedi goroesi. Yno y cafodd hi ei gwobr enwocaf am ei llyfr ar hanes Môn. Y tro hwn, y Dywysoges Victoria a'i mam oedd y bobl bwysig. Daethant i Baron Hill, cartref y llywydd er mwyn cyfarfod â swyddogion yr eistedfod ac i arwisgo'r buddugwyr. Angharad oedd yr ail i gael ei chyflwyno i'r Dywysoges, a gwnaeth yn fawr o'i chyfle. Pan gyhoeddwyd *A History of the Island of Mona* y flwyddyn wedyn, 1833, fe'i cyflwynodd i'r Dywysoges Victoria. Mae'n gyfrol hardd o 413 tudalen, a sgrifennai Angharad yn arddull hamddenol y cyfnod heb rannu'r gwaith yn benodau. Hanes y gwahanol blwyfi yw corff pwysicaf y gwaith, a gwyddai sut i sgrifennu'n ddiddorol os nad bob amser yn berthnasol. Mae stamp yr awdur ar bob tudalen. Anfonodd Angharad gopi i'r Dywysoges gyda llythyr sy'n dechrau, "At last my Mona, clad in Bardic green is ambitious of the honour of being presented to the Princess." Mrs Williams, Craig y Don, Sir Fôn a ddanfonodd y llyfr i Balas Kensington. Pan esgynnodd Victoria i'r orsedd anfonodd Angharad lythyr i'w llongyfarch.

Mewn llythyr ym mis Gorffennaf 1837 at Syr John Conroy, swyddog yng ngwasanaeth y Dduges Caint, mam Victoria, a gyfarfu ym Miwmares, dywed Angharad ei bod am gystadlu ar draethawd yn eisteddfod Cymreigyddion y Fenni, a'i bod am fynd i aros gyda'r aelod seneddol yng Nghastell Llangiby a chael cyfarfod Lady Charlotte Guest.

Ni adawod ddim o'i hargraffiadau o Charlotte Guest, ond daeth yn bur gyfeillgar ag Ausgusta Hall, Gwenynen Gwent. Y flwyddyn ddilynol (1838) arhosodd yn nhŷ Mrs Waddington, mam Augusta, yn ystod yr eisteddfod. Ni chafodd Angharad wobr am ei thraethawd, "Hanes Iestyn ap Gwrgant, Tywysog Morgannwg", ond sgrifennodd Maria Jane Williams, Aberpergwm, ati yn nes ymlaen i ddweud fod ei brawd yn dymuno'i ddarllen, ac mai'r rheswm dros iddi beidio â chael y wobr oedd iddi sgrifennu yn Saesneg yn lle yn Gymraeg.

Disgrifiwyd eisteddfodau Cymreigyddion y Fenni gan Mrs Mair Elvet Thomas yn ei llyfr *Afiaith yng Ngwent*. Gallwn ddychmygu hwyl a brwdfrydedd Angharad yn y cwmni cydnaws hwn. Dywedir mai eisteddfod 1838 oedd y fwyaf lliwgar ohonynt, a hynny oherwydd presenoldeb y Llydawiaid. Bu Angharad yn Llanofer ym 1842, 1843 a 1845. Arhosodd ymlaen am rai wythnosau ym 1842 a gyrrodd Gwenynen Gwent lythyr ar ffurf rhigwm Saesneg at ei chwaer Helen, yn gofyn ei chaniatâd i gadw Angharad yno. Cafodd ateb yn ôl yn yr un cywair ond gyda gwell odlau. Fel llawer merch, cadwai Angharad albwm a gwahoddai ei chyfeillion i sgrifennu pennill neu i dynnu llun ynddo. Mae ynddo luniau o bob rhan o'r wlad, a phobl enwog megis W. E. Gladstone wedi sgrifennu ynddo. Tynnwyd llawer o'r lluniau yn Llanofer. Ym 1837 gwnaeth Angharad lun pin ac inc o Garnhuanawc, a gwnaeth Mrs Barrington, chwaer Benjamin Hall, lun dyfrlliw o Angharad. Ceir llun arall ohoni a wnaed gyda phensel gan Augusta Hall ym 1843. Yn hwn mae'n gwisgo het dri chornel a chlustdlysau llaes.

Bu farw Llewelyn, brawd Angharad, ym 1841 ac ym 1844 collodd ei chwaer, Helen. Mae'n debyg mai wedi hynny y symudodd o Gaerwys i Dŷ'n Rhyl. Mewn traethawd eisteddfodol a luniwyd ar gyfer Eisteddfod Gymreig Caerwys, 1886, dywed Caerwyson, sef T. Pritchard Edwards, iddi adael Caerwys tua dwy flynedd ar ôl yr etholiad rhwng Stephen Glynne a E. M. Lloyd Mostyn (Arglwydd Mostyn yn ddiweddarach). Ym 1837 bu dipyn o ffrwgwd rhyngddi a chefnogwyr Mostyn pan roddwyd posteri melyn ar ddrws ei hysgubor. Rhwygodd Angharad y posteri gan ddweud "Ni chaiff yr un Pabydd osod ei bapurau ar fy nrws i." Anodd credu i hyn beri iddi adael Caerwys. Yn sicr yng Nghaerwys yr oedd yn byw adeg ei hymweliadau ag eisteddfodau'r Fenni, fel y tystia llythyrau Gwenynen Gwent ati.

Tref fechan oedd y Rhyl ym mhedwardegau'r ganrif ddiwethaf, a Tŷ'n Rhyl yn un o'r prif dai, os nad y prif un. Saif ar ymyl y ffordd sy'n arwain i'r dref o Ruddlan, a muriau uchel yn ei amgylchynu. Codwyd rhan o'r tŷ yn yr ail ganrif ar bymtheg, a'r rhan sy'n wynebu'r ffordd yn y ddeunawfed ganrif. Mae'r drws yn yr hen ddarn, heibio i dalcen y tŷ, a golwg hynafol arno. Wedi tynnu y ffon haearn sy'n canu'r gloch yn y gegin, ewch i mewn yn syth i gyntedd wedi ei banelu. Uwchben y lle tân, ac yn wir bron â gorchuddio'r pared mae panel derw du wedi ei gerfio'n gywrain, gyda mynor yn y canol. Darn uchaf hen wely mawr a berthynai i Gruffydd, a oedd yn *Gentleman Usher* i'r frenhines Catherine o Aragon ydyw. Pan chwalwyd cartref teulu Gruffydd, cafodd Angharad afael ar y panel a'i osod yn y tŷ. Hi a beintiodd beisiau-arfau rhai o deuluoedd enwog y wlad ar banelau'r pared gyferbyn â'r drws. Mae dwy ystafell fawr gyda nenfwd uchel ym mlaen y tŷ; yn y cefn eir i lawr un gris i stafell fechan, gyda nenfwd isel a distiau derw duon. Yma peintiodd Angharad bais-arfau Llwydiaid Ardudwy ar y drysau bach sy'n cau ar y ffenestri. "Duw ar fy rhan" yw'r arwyddair oddi tano. Mae hon yn stafell gartrefol, ac un ffenest yn edrych allan tua'r ardd helaeth yn y cefn. O'r cyntedd i'r gegin eir i fyny un gris; yma eto mae distiau derw, a thrwy'r ffenest gwelir hen ddrws cefn, sy'n arwain i un o'r stafelloedd blaen ac arno'r adnod Ladin *Nisi Dominus aedificaverit donum, inavanum laboraverunt qui aedificant eam.* (Os yr Arglwydd nid adeilada'r tŷ, ofer y llafuria ei adeiladwyr wrtho.) Trwy ffenest y gegin hefyd gwelir adeilad a fu unwaith yn stabl neu ysgubor, ond nid yw'n perthyn i'r lle mwyach. Gallwn ddychmygu Angharad yn ei hafiaith yma. Cadwodd lythyr a gafodd oddi wrth Stephen R. Glynne, Penarlâg, brawd Mrs Gladstone, yn fuan wedi iddi symud i Dŷ'n Rhyl, ond, yn anffodus, Awst 9 yw'r unig ddyddiad arno:

My Dear Miss Angharad,

I am delighted to hear of your being really comfortably settled in your new abode. I cannot conceive you would feel many regrets on leaving Caerwys, but am sure you will in the end be better where you are . . .

Ym 1848 pan symudodd Richard Richards y rheithor o Gaerwys, gwahoddwyd Angharad i'r cyfarfod a drefnwyd i'w anrhegu. Ond dyma'i hateb i Elen Richards, nith y rheithor: "If anything could induce me to visit Caerwys, the scene of my childhood, it would be the gratification of being present at the ceremony tomorrow. But alas I cannot muster . . ." collwyd gweddill y frawddeg, ond yn nes ymlaen mae'n sôn am Gaerwys — . . . "where so many happy days have been spent and laterly painful and trying were the last spent there." Gallai hyn gyfeirio at farwolaeth Llewelyn a Helen.

Ym mis Medi 1850 cynhaliwyd eisteddfod yng Nghastell Rhuddlan. Dyma'r eisteddfod lle'r enillodd Ieuan Glan Geirionydd y gadair am ei bryddest ar "Yr Atgyfodiad", gan guro awdl Caledfryn ar yr un testun. Yno hefyd y cynigiwyd gwobr am awdl goffa i Wallter Mechain a marwnad i John

Codwyd Castell Rhuddlan gan Edward y Cyntaf ym 1282. Yr un adeg cyflawnwyd y gamp o sythu Afon Clwyd rhwng y castell a'i haber wrth y Foryd. Daw llanw'r môr cyn belled â Rhuddlan a gwelid y byddai hyn yn fanteisiol iawn. Codwyd glanfa a gellir cofnodi i'r lanfa honno gael ei defnyddio hyd ddiwedd y ganrif ddiwethaf pan oedd prysurdeb nid bychan o'i chwmpas er sicrhau glo i'r trigolion, calch i'r tir, a'r nwyddau a'r offer angenrheidiol i Ddyffryn Clwyd yn gyffredinol. O fewn llai na chwarter milltir i'r castell presennol y mae'r twmpath lle bu castell pren y Cymry cyn bod sôn am goncwest y Normaniaid. Mae'r twmpath hwnnw, fel y castell ei hun, o fewn dim i Faes yr Eisteddfod Genedlaethol ac i'w weld yn glir ohono.

(Llun: F. B. Hamilton)

Blackwell, Alun. Gellir tybio fod hyn i gyd wedi dwyn atgofion lu i Angharad am yr eisteddfodau cynnar. Anfonodd at Jane Davies, merch Gwallter Mechain, y mis Rhagfyr canlynol yn dweud y byddai'r awdl goffa yn cael ei chyhoeddi os byddai arian ar gael. Yr oedd pryddest Ieuan i'w chyhoeddi gyda rhai cerddi eraill a'i gwerthu am ddau swllt. Os gwerthai'r gyfrol hon, yna yr oedd gobaith am gyhoeddi'r gweddill. Dengys y llythyr hwn fod Angharad yn dal o gwmpas ei phethau o hyd. Dim ond i ddau o gyfarfodydd yr eisteddfod yr aeth hi, meddai wrth Jane, ond yr oedd yr ail un yn fythgofiadwy. Disgynnodd y rhan o'r llwyfan lle'r eisteddai hi a rhai tebyg iddi, gan daflu pawb i'r twll oddi tano. Dim ond cael-a-chael fu hi ar yr arweinydd; gafaelodd rhywun ynddo mewn pryd.

"It was an *awful* moment when our section of the scaffolding fell in," meddai yn ei llythyr, "not a *moan*, not a scream was heard . . . had the other side fallen, I mean the 2s. places, how they would have kicked, screamed and struggled, causing death no doubt . . ."

Gwahanol iawn yw'r adroddiad papur newydd am y gyflafan; yr oedd yno ddigon o sgrechian a gweiddi, yn ôl hwnnw. Yn ffodus ni chafodd Angharad fawr o ddolur, er i un o'i chyfeillion dorri ei choes. Bu helynt pellach yn y ddawns gyda'r nos, gan i storm fygwth chwythu to'r babell i ffwrdd. "Lady Dinorben screamed all the way out of the castle to a cottage and sat there in *spoilt* finery till her Carriage drove up to take her home." Mae'n resyn na fyddai mwy o lythyrau oddi wrth Angharad Llwyd ar gael i ddisgrifio'r eisteddfod hon.

Yn haf 1858 daeth Cymdeithas Hynafiaethol Cymru i gynnal ei chyfarfodydd yn y Rhyl, a chroesawodd Angharad yr aelodau i Dŷ'n Rhyl. Gallwn ddychmygu amdani'n dangos y tŷ a'i drysorau iddynt. Roedd hi'n ddynes enwog, yn ddihareb yn wir, a chofiai un hynafgwr iddi gael ei galw'n "walking herald". Heblaw yr achau a'r llawysgrifau, gallai ddangos i'w hymwelwyr gryn amgueddfa o hen greiriau a gasglasai hi a'i thad o'i blaen. Yr oedd yno gleddyf y bu un o'i hynafiaid yn ei gario ym mrwydr Maes Bosworth, meddai hi; llawer o hen ddarnau arian, darnau grot, ceiniog Elizabeth I, darn swllt Siarl I a

Iago I. Dangoswyd hefyd gylch tegan oedd yn gysylltiedig â hen arfer adeg y Pasg. Cylch ydoedd gyda thri chwpan ar ei ymyl, ac yn codi'n big gyferbyn â hwy. Rhwng y cwpanau byddai canhwyllau'n cael eu gosod i sefyll mewn clai, a bragawd neu fragod yn y cwpanau. Rhoddai un o'r merched y cylch ar ei phen a'r gamp i'r llanciau oedd yfed y bragod heb losgi. Cenid pennill tra byddai'r llanciau'n ceisio cyflawni'r orchest, ond y llinell olaf yn unig sydd wedi goroesi sef:

Rhag i'r feinwen losgi ei thalcen.

Yn atgofion Thomas Edwards y crydd yng Nghaerwys, a adroddodd wrth Syr Herbert Lewis o Blas Penucha ym 1911, fe ddywedir yr arferai Angharad roi arian i'r plant am godi tomen o bridd ar Farian Luce i nodi'r fan lle crogwyd y ferch Luce. Byddent yn canu hefyd, ond ni allai gofio'r geiriau. Ymhlith llawysgrifau Angharad mae pum pennill am Lleucu Llwyd ar ffurf penillion telyn. Tybed ai'r rhain a ganai'r plant? Dyma un pennill:

Fel y câr hen ŵr ei ffon,
Fel y câr y mab y fron,
Fel y câr newynog fwyd
Y caraf finnau Lleucu Llwyd.

Cofnododd rigymau a dywediadau'n ymwneud â'r teuluoedd yr oedd hi'n ymddiddori ynddynt. Ond mae ganddi hefyd ddychmygion (riddles) a chwaraeon wedi eu disgrifio'n fanwl. Ym 1822 sgrifennodd "On All Sts. day the children come to ask for cross buns and say 'Decca dowch i'r drws, rhowch i ni fwyd cennad y meirw', ag nis cefain, mi ganan 'Decca dowch i'r drws, mae pen y wraig yn scittrws'." Dyfynna un o ddywediadau Twm o'r Nant, "Y Methodistiaid neu'r Cariadocs yn eu hel nhw, y Babtistiaid yn eu golchi a'r Personiaid yn eu cneifio nhw."

Yr oedd a wnelo pethau fel hyn â'i gwaith fel hynafiaethydd, ond copïodd hefyd bethau sy'n ymddangos yn estron hollol, caneuon a genid mewn *Bow-Meetings*, er enghraifft, cynull-iadau poblogaidd a gynhelid yn y plasau, a chaneuon yn cael eu cyfansoddi'n arbennig ar gyfer yr achlysuron. Yn un o'i llyfrau achau gadawodd i ryw bobl ifanc ysgafala wneud lluniau gwawdlyd a sgrifennu sylwadau gwamal am ei gwaith. Yn rhyfeddach fyth, mae hi ei hun wedi copïo cerdd Saesneg ddigri a gyfansoddwyd amdani gan un o'r dynion ifanc, a'i chynnwys yng nghorff ei llyfr achau.

Math arall o wybodaeth sy'n ymddangos yn ddirybudd yw risetiau bwydydd, diod a moddion at glefydau. Yn Actyn Park cafodd gyfarwyddyd at wneud *excellent ginger beer*, ac un arall yn Glanywern. Mae *cordiall* y Countess of Salisbury ac un y Countess of Devonshire, ynghyd â risêt am deisen sinsir, *cough-drops* ac *almond paste* ar waelod tudalennau eu llaw-ysgrifau. *For a decline* (anhwylder cyffredin iawn oedd hwn) yr oedd y claf i yfed cwpaned o drwyth wedi'i wneud o felynwy, *rose-water*, llaeth a *capillaire* gyda nytmeg wedi'i ratio iddo. Hwyrach mai taro'r pethau hyn ar yr unig bapur oedd ar gael a wnâi. Sut bynnag, dangosant ochr feidrol, gynnes i'w chym-eriad ac ategu'r dystiolaeth yn ei llythyrau.

Daliodd Angharad mewn cysylltiad ar hyd ei hoes â Gwenynen Gwent, a oedd yn Arglwyddes Llanofer erbyn hyn. Pan ddaeth ei llyfr ar Mrs Delany o'r wasg ym 1861 sgrifennodd Angharad i'w llongyfarch ac i ganmol y llyfr, "I could not leave off reading till my eyes ached; next morning I found to my great vexation they were become a full pink colour; yet I persevered, and have just finished the first volume." Yr oedd ei brawd Robert Watkin wedi marw ddiwedd y flwyddyn 1860. Bu iddo bump o blant, ac i'r rhain y gadawodd Angharad ei heiddo. Yn ôl ei hewyllys, gadawodd dŷ o'r enw Glan y Môr yn East Parade y Rhyl i'w dwy nith, Catherine Vere Hodge a Martha Lloyd. Gadawodd ei llawysgrifau a'i chasgliad o lythyrau, ei halbwm ynghyd â chypyrddau'n llawn creiriau ac ati, i'w nai Francis Llewelyn Lloyd. Llestri arian a gafodd Edward ei frawd, a chafodd Rosamund Angharad, merch Edward a merch-fedydd Angharad, ei wats aur. I'w nith a'i merch-fedydd arall, Angharad Lloyd, gadawodd arian. Ond yr oedd ganddi ddau gi, Pattie a Cegryn, a rhaid oedd darparu am eu cysur pe baent yn ei goroesi. Yr oedd yn gadael £12 y flwyddyn i'w morwyn, Elizabeth Roberts am ei hoes; yn ychwanegol yr oedd £6 y flwyddyn am ofalu am y cŵn, a chafodd eu gwelyau a'r gadair wellt oedd yn llofft Angharad. Pe bai un ci'n marw o flaen y llall, yna dim ond £4 y flwyddyn a ddeuai iddi.

Dymunai gael ei chladdu yn y fynwent newydd yn y Rhyl, ac yr oedd y cludwyr i gael pum swllt yr un a phâr cryf o fenig a chadach gwddf cotwm, y gallent eu gwisgo wedyn, meddai, mewn cromfachau. Dewisodd yr emynau i'r plant eu canu ar lan y bedd,

> Codaf yn awr fy Ebenezer
> Yn dyst ar fin y bedd . . .

neu'r un yr arferid ei ganu yng Nghaerwys. Darparodd dri swllt yr un i'r plant am ganu, ynhyd â phâr o fenig. Cymraeg oedd iaith y gwasanaeth i fod. Arwyddwyd ei hewyllys gan ficer y Rhyl, Hugh Morgan, a'i wraig, Anna M. Morgan.

Bu Angharad farw yn Tŷ'n Rhyl ar 16 Hydref yn 87 mlwydd oed a chladdwyd hi ym mynwent y Rhyl. Yr oedd Townsend Mainwaring yr aelod seneddol a'r Col. yr Anrhydeddus R. T. Rowley yn yr orymdaith. Dilynwyd y prif alarwyr gan y tenant-iaid, y morynion a masnachwyr y dref. Caewyd y siopau a thynnu'r llenni dros y ffenestri.

Rhoddwyd cofeb bres er cof am Angharad yn y gangell yn Eglwys y Drindod. Erbyn hyn y mae braidd yn anodd ei darllen. Arni mae pais-arfau Llwydiaid Cwmbychan, Ardudwy, a'r arwyddair *Duw ar fy rhan*.

"Cyfodwyd y Coflech Bres hon gan ei gor-nai, sef Llewelyn Lloyd, M.A., J.P., 1888." Dyna sydd ar waelod y gofeb ac oddi tani mae cofeb i Edward Lloyd, M.D., a fu farw yn Tŷ'n Rhyl ym 1882. Uwchben cofeb Angharad mae un yn Saesneg i Ieuan Glan Geirionydd, ficer y Rhyl a fu farw ym 1855.

Cyflawnodd Angharad swrn o waith yn ei dydd. Nid oes raid ond edrych ar ei chyfrolau trwchus yn Adran Llawysgrifau

Llyfrgell Genedlaethol Cymru i sylweddoli hynny. Nid gwaith ofer mohono. Er gwaethaf ei hygoeledd a'i dull anfeirniadol o drin hanes yn aml, anelai at ddelfryd sy'n dal i ddenu ysgolheigion heddiw. Sylweddolodd mor bwysig oedd i genedl wybod ei hanes ei hun; gwyddai am gynnwys hanesyddol ac achyddol y cywyddau ac yr oedd yn barod i estyn cymorth i ysgolheigion a hynafiaethwyr eraill. Gweithiai mewn oes pan oedd y rhan fwyaf o'r llawysgrifau mewn llyfrgelloedd preifat, heb eu rhestru na'u cadw mewn cyflwr priodol, yn aml. Nid oedd croeso iddi ymweld â phob llyfrgell, a gorfu iddi ddibynnu ar ddarlleniadau pobl eraill. Peth araf, costus a llafurus oedd ceisio gwybodaeth trwy lythyrau; yr oedd teithio'n anodd yn y gaeaf, a'r tai mawr lle byddai'n copïo yn oer a drafftiog. Fel merch ddibriod yr oedd gofyn iddi fod adref yn gwarchod ei chwaer hynaf wedi i honno fynd i oed, ac i gymryd rhan yng ngweithgareddau'r teulu. Merch ydoedd yn "tresbasu" ym myd dynion, a dueddai i'w chymryd yn ysgafn. Ond yr oedd yn rhaid iddynt gydnabod ei diwydrwydd yn casglu tanysgrifiadau i lyfrau Cymraeg, er na welai rhai clerigwyr fod angen hynny. Credai'n angerddol yn y mudiad eisteddfodol, a allai dyfu i fod yn sefydliad gwerthfawr i'r genedl. Gofidiai fod y boneddigion, arweinwyr naturiol cymdeithas, wedi colli eu hiaith; eithriadau oedd yr Arglwydd Mostyn, Syr Edward Pryse Lloyd, Pengwern, a Charles Williams Wynn.

Haedda Angharad ei chofio am ei bod yn Gymraes liwgar anghyffredin yn ei dydd. Llafuriodd dros bethau Cymraeg pan oedd tuedd yr oes tuag at Seisnigo a gweld pob bendith yn dyfod o gyfeiriad Lloegr. Dioddefodd gael ei chyfrif yn granc ac yn gymeriad od, ond yr oedd yn ddigon mawr i fedru goresgyn hynny. Cofiwn amdani heddiw am iddi gynnal fflam Cymreigrwydd ynghyn rhag cael ei diffodd gan ddifaterwch.

Emrys ap Iwan

Ellis Wynne Williams

Blwyddyn hynod ar lawer cyfrif oedd 1851. Dyna'r gwneuthurwr berfâu hwnnw o Abergele yn gwthio sampl o'i gelfyddyd yr holl ffordd i Lundain i'r Arddangosfa Fawr yn y Crystal Palace. Dyna'r flwyddyn hefyd pryd y daeth David Roberts, pennaeth busnes mewnforio coed yn Lerpwl, i brynu hafod yn Nhanrallt, Abergele, a chychwyn canrif o gysylltiad gweithgar rhwng y Robertsiaid a chapel Mynydd Seion yn y dref hon. Yn y flwyddyn honno hefyd y ganwyd Emrys ap Iwan, y dywedwyd amdano. " 'Dyw Cymru eto ddim wedi gweld mawredd R. Ambrose Jones. Os dyn o flaen ei oes yw proffwyd, ac os cenhadaeth fawr ei fywyd yw dweud y gwir am ei genedl heb flewyn ar ei dafod, yna yr oedd Emrys ap Iwan yn broffwyd (gyda B fawr hefyd). Fe ragwelodd argyfwng ein hiaith a'n diwylliant — ein hargyfwng ni heddiw, fe ddadlennodd ein hoff wendidau — ein gwaseidd-dra a'n teimladeiddiwch gwag a'n tuedd i efelychu gwendidau pobl eraill."

Mae'n ddigon o ryfeddod nad oes unrhyw gyfeiriad at Emrys ap Iwan, un a dreuliodd ei oes o fewn ffiniau'r hen Sir Ddinbych, yn y tri mynegai a gafwyd hyd yn hyn i Drafodion ei Chymdeithas Hanes. Y rheswm yn ddiau oedd bod canmlwyddiant geni Emrys newydd fynd heibio pan ddaeth ei chyfrol gyntaf o'r Wasg ym 1951. Hyderu yr wyf y bydd i chwithau erbyn y diwedd etifeddu fy syndod innau oherwydd nid oes unrhyw amheuaeth nad oedd Emrys ap Iwan, a defnyddio geiriau T. R. Jones (Clwydydd) amdano, "yn gawr ar lawr Dyffryn Clwyd yn ei ddydd." Erbyn heddiw mae'n gawr ymysg cewri Cymru.

Emrys ap Iwan (1851-1906)

Braint fawr yw cael byw mewn bro a fu'n gartref ac yn fagwrfa i berson gwir fawr. Dewch inni ddod i Abergele o gyfeiriad Llanfair Talhaearn, a dyna ni ar gwr y dref yn mynd heibio i Fryn Aber ar y chwith a gweld y plac a osodwyd ar y wal uchel gan Gymrodorion Abergele hanner canrif yn ôl, yn dweud:

Ym Mryn Aber
(Tu ôl i'r mur hwn)
Y ganwyd
Emrys ap Iwan
1851-1906
Gŵr a garodd ei Dduw a'i iaith a'i genedl

Dychmygwn ei weld yn hogyn bach yn mynd gyda'i rieni i lawr y ffordd i gapel y Methodistiaid Calfinaidd. Yna dychmygu amdano'n mynd i'r Ysgol Genedlaethol yn Talhaearn House ar y dde cyn cyrraedd y capel. Erys Bryn Aber yn dŷ helaeth yr olwg hyd heddiw. Galwyd ef yn "blas" a hyd yn oed yn "balas" gan rai o edmygwyr Emrys. Nid y tŷ hwnnw oedd ei gartref. Etifedd tŷ'r garddwr, tŷ bychan yn ymyl, oedd Emrys. Digwydd cael ei eni yn y tŷ mawr a wnaeth oherwydd bod y perchennog oddi cartref ac i'r *housekeeper* fawr ei gofal a'i charedigrwydd wahodd Maria Jones, mam Emrys, a hithau mewn cyfyngder, i mewn ati i esgor ar ei phlentyn cyntaf-anedig. Gwlad agored o gaeau a choed oedd o boptu.

Nid arhosodd John Jones yn arddwr ym Mryn Aber yn hir gan fod ei deulu'n cynyddu ac aeth i fasnachu cynnyrch gardd ar ei liwt ei hun mewn tŷ yn y rhes dai a elwid Bryn Coch ar ffordd Llan Sain Siôr — ac eto mewn safle a oedd ar gwr y dref. Yno, ymysg y coed a'r caeau, y tyfodd Emrys. Edrychai allan dros Forfa Rhuddlan a gweld tyrau gwyngalch castell y Norman yn Rhuddlan ei hun. O'r tu cefn i'r castell gwelai fynyddoedd Sir y Fflint yn ymgodi o'r môr gan gerdded i'r de tua Moel Fama yn gyfres o gyfrwyau llyfnion. Y mynyddoedd hyn oedd ffin ddwyreiniol Dyffryn Clwyd ac yr oedd Emrys i dreulio oes gyfan yn eu cysgod.

Wedi gadael ysgol Talhaearn House (mae hanes yr ysgol yn Adroddiad y Comisiynwyr ar gyflwr addysg yng Nghymru ym 1847) aeth Emrys i Lerpwl yn bedair ar ddeg oed i weithio mewn siop dilledydd. Hwyliodd o'r Rhyl ar y stemar *Sea King* ac ymhen dwy awr yn ei gyfarfod ar y *landing stage* yr oedd Robert Charles Jones — brawd iau i Charles Jones y dydd-iadurwr — a mab i Charles Jones a ofalai am achosion y Methodistiaid Calfinaidd ym Metws-yn-Rhos ac yn Tabor, ac a oedd yn cartrefu ym Modrochwyn Bach, tyddyn yn ymyl capel Tabor, rhyw dair milltir o Abergele. Yn ddiweddarach yr oedd Robert Charles Jones i fod yn gyd-efrydydd ag Emrys ap Iwan yn y Bala, wedyn yn genhadwr yn Chile, ac yna weddill ei oes (hyd 1925) yn weinidog ym Mhorthaethwy. Mewn ychydig fisoedd newidiodd Emrys ei swydd a mynd at "Hopkins and Sons, Brush Manufacturers", ac i gydletya â Robert Charles Jones. Digon o waith iddo gael hwyl ysgubol yn ei swydd newydd.

Fe awgrymwyd mai yn ystod ei flwyddyn yn Lerpwl y dysgodd Emrys gasáu (os casáu yw'r gair cywir) Saeson, ond teg yw cofio mai mewn cylch Cymraeg y symudai yno — ar aelwyd Gymraeg y lletyai, a chapel Bedford oedd ei gartref ysbrydol, ac yr oedd y flwyddyn 1865 yn sicr yn flwyddyn o frwdfrydedd mawr yno pan ddeuai cwmni'r *Mimosa* at ei gilydd i gychwyn ar eu taith i Batagonia. Ni welais i ond un cyfeiriad at Batagonia yng ngwaith Emrys a hwnnw'n dilorni'r ffaith bod Cymry'n gadael eu gwlad.

Tra oedd Emrys yn Lerpwl bu farw ei frawd bach pedair oed a does dim dwywaith na fu hyn yn brofiad trawmatig iddo gan mor hoff ydoedd o'r un bychan. Mae ar gael lythyr cydymdeimlad a ysgrifennodd Emrys at deulu mewn profedigaeth yn Rhuthun agos i ddeugain mlynedd yn ddiweddarach ac mae ef yn sôn yn y llythyr hwnnw fel y parhaodd i ofidio colli ei frawd bach gydol ei oes. Daeth ton o hiraeth drosto a dychwelodd i Gymru i fod yn brentis o arddwr ym Modelwyddan. Byddai'n mynd adref i Abergele bob pythefnos i newid ei ddillad.

Defnyddiai ei oriau hamdden i ddarllen yn helaeth a

phorthwyd ef â llyfrau gan ddau o flaenoriaid llengar Abergele, sef Edward Roberts, crydd, a Henry Elias. Yr oedd Edward Roberts yn berchen ar y clasuron Cymraeg a hoffaf feddwl mai ei gopi ef o *Drych y Prif Oesoedd* sy'n awr yn fy meddiant a fu'n foddion i gyflwyno Theophilus Evans i Emrys ap Iwan. Dyma'r pryd y dechreuodd ymgodymu â ieithoedd y cyfandir, yn arbennig â'r Ffrangeg. Awgrymir gan T. Gwynn Jones, a chofleidiodd eraill yr awgrym, bod gogwydd yn Emrys at y Ffrangeg am fod hen nain iddo'n Ffrances, gan awgrymu hefyd y dybiaeth bod dyn yn naturiol yn etifeddu tuedd at iaith arbennig. Hyd y gwn i ni phrofwyd mo hyn. Fe gredai Emrys ei hun fod y Cymry wedi eu haddasu dros genedlaethau lawer o ran gwddw a thafod a thrwyn, dannedd a gwefusau, a thaflod y genau, yn unswydd ar gyfer ynganu'r Gymraeg. Does neb eto wedi dod o hyd i enw'r hen nain 'ma. Dywedwyd mai dod i Gastell y Gwrych a wnaeth fel cyfeilles ac athrawes i un o ferched yr Heskeths. Ond digon prin bod Castell y Gwrych wedi ei godi yn amser hen daid Emrys. Wela' i ddim bod angen atgyfodi hen nain neb i egluro diddordeb mewn Ffrangeg. Mae T. Gwynn Jones yn mynd cyn belled ag awgrymu mai am iddo etifeddu gwaed yr hen nain hon yr oedd Emrys yn Gymro mor gywir ac annibynnol. Gan nad beth am hynny, mae Emrys ei hun yn addef mai yn y cyfnod hwn y darllenodd waith Lewis Edwards ar *Athrawiaeth yr Iawn*, ac mai llyfrau oedd ei bethau ef yn ei oriau hamdden. Cyn iddo hyd yn oed fynd i Lerpwl yr oedd wedi profi ei werth fel athro ifanc iawn yn yr Ysgol Sul a gynhelid ym Mryn Hyfryd, cartref y Parch Hugh Hughes a'i fab-yng-nghyfraith, y Parch Robert Roberts (yr olaf hwn eto yn un o noddwyr arbenicaf Emrys). Cangen arbennig o Ysgol Sul Mynydd Seion ydoedd Ysgol Bryn Hyfryd ar gyfer plant tlodion Bryn Coch a'r cyffiniau a oedd yn rhy garpiog i fynd i'r ysgol yn y capel mawr yn y dref. Tybed mai'r profiad a gafodd yno a liwiodd y farn a fynegodd yn nes ymlaen am blant Cymru, sef mai anwariaid ydynt?

Toc wedi dod i Fodelwyddan dechreuodd Emrys fynychu'r cyfarfod gweddi i bobl ifainc am saith o'r gloch ar fore Sul a cheir hanes amdano'n "traddodi tipyn ar bennod" yn un o'r cyfarfodydd hyn. Wn i ddim sut arddwr oedd Emrys ap Iwan, ond mae'n rhaid ei fod wedi cynyddu mewn gwybodaeth, a dweud y lleiaf, yn gyflym iawn ac wedi ennill cymeradwyaeth y saint yr un pryd, oherwydd nid oedd eto ond dwy ar bymtheg oed pan bregethodd ei bregeth gyntaf, ar noson waith, yng Nghapel y Morfa, yn ymyl Bodelwyddan. Yn yr un flwyddyn, sef 1868, dechreuodd ar ei gwrs pedair blynedd yng Ngholeg y Bala dan fendith y Cyfarfod Misol. Y pryd hwnnw gofynnid i bob ymgeisydd brofi ei wybodaeth o'r iaith Saesneg drwy gyfieithu darn o Eiriadur Charles i'r iaith honno ac ysgrifennu traethawd ar bwnc diwinyddol. Ni ddysgid y Gymraeg fel pwnc yn y Bala, a Saesneg oedd cyfrwng yr addysg. Am ryw reswm anhysbys, digon llwydaidd fu safon arholiad Emrys dros y pedair blynedd ac ni ddisgleiriodd mewn unrhyw bwnc. Addefai ef ei hun nad oedd y cwrs yn ddigon diweddar ei faes a haerai mai gwastraff ar amser fu ei amser yn y Bala. Sut bynnag am hynny, cafodd y fraint fawr o gyfathrachu ag un o ddynion mwyaf Cymru yn Lewis Edwards. Maes diddorol fyddai ceisio olrhain dylanwad Lewis Edwards ar Emrys ap Iwan yn y cyfnod hwn a'i gymharu â dylanwad diweddarach Thomas Gee.

Ar ôl gorffen yn y Bala dychwelodd Emrys i Abergele heb fod yn bendant pa gyfeiriad a gymerai. Yn y man aeth yn athro ysgol i Ruallt gyda chymeradwyaeth deilwng iawn gan Lewis Edwards. Wedi bod yno am ychydig fisoedd aeth i Gaergwrle i ofalu am — o bopeth — achos Saesneg y Methodistiaid Calfinaidd yno. Bu tri mis yno yn hen ddigon a dychwelodd y llanc dwy ar hugain oed i Abergele'n ddigon anesmwyth ei fyd. Gwyddai fod arno angen adnoddau ariannol y tu hwnt i foddion ei deulu os oedd am fynd i'r cyfandir i astudio ieithoedd. Ar hynny y rhoesai ei fryd nid yn unig er mwyn gwybod ieithoedd, ond hefyd i brofi iddo ef ei hun y gallai fyw'n annibynnol ar ei deulu pe gorfodid hynny arno. Blinid ef y pryd hwn gan ei ddiffyg hunanhyder, a ddwysawyd mae'n debyg, gan ei anallu i ddisgleirio tra bu yn y Bala. Ond o'r diwedd daeth ei awr fawr. Yn niwedd 1873 aeth i bentref bach Lutry yn ymyl Lausanne ar lan Llyn Genefa yn y Swistir er mwyn dechrau ar ei waith yn y flwyddyn newydd fel athro Saesneg yn y boreau mewn ysgol breswyl i fechgyn. Yn y pnawniau câi gyfle i ddysgu Ffrangeg ac Almaeneg.

Tua'r adeg yma y bu gohebu rhyngddo a'r Parch Robert Roberts, Bryn Hyfryd. Yr oedd hwnnw am gael Emrys i ymgynnig fel cenhadwr yn Cassia. Mae'n amlwg bod Emrys wedi meddwl llawer iawn am swydd cenhadwr oblegid y mae'n deddfu llawer iawn ar y gwaith hwnt ac yma yn yr *Homiliau*. Fodd bynnag, aros yn y Swistir a wnaeth Emrys tan 1876, yn ddigon caled ei fyd ac yn ddiolchgar am bob cil-dwrn a gâi gan ei deulu a'i gyfeillion yn Abergele. Ei fwriad oedd cael swydd yn yr Almaen cyn dychwelyd ond methu fu ei hanes. Fodd bynnag, doedd ond prin wedi dychwelyd nad oedd o'n mentro mynd i'r Almaen ac yno y bu yn Bonn a Giessen, yn ychwanegu at ei wybodaeth gyffredinol ac o'r Almaeneg, am ryw chwe mis.

Cyn diwedd 1876 yr oedd yn ôl yng Nghymru yn barod i gychwyn ar waith a oedd i'w ddwyn i'r amlwg fel ymladdwr dros hawliau'r iaith Gymraeg. Ei gleddyf oedd ei ysgrifbin a'r maes oedd y Wasg, gyda *Baner ac Amserau Cymru* yn gyfrwng neilltuol i ddwyn ei syniadau i sylw'r cyhoedd. Yr oedd ei arddull yn cyhoeddi bod crefftwr llenyddol newydd wedi ymddangos, un na welwyd mo'i union fath o'r blaen. Trwy ei ymdrechion yn y cyfnod o 1876 hyd 1884 dros hawliau ei genedl a'i iaith dangosodd Emrys y fath arwriaeth nes ennill ei le yng nghalon pob Cymro twymgalon. Safodd ei dir yn wrol ac am iddo sefyll felly bu'n rhaid iddo ddioddef. Nid ar unwaith yr enillodd ei blwyf, nac yn wir yn ystod ei fywyd yr oedd i fedi ffrwyth ei safiad.

Yr hyn oedd yn bwysig gan Emrys oedd yr iaith Gymraeg. Diogelu honno, costied a gostio, oedd ei nod. Ynddi hi yr oedd athrylith y genedl wedi'i ymgorffori. Haerai Emrys yn ddogmatig ddigon fel hyn: "Cofier mai'r Duw a wnaeth ddynion a ordeiniodd genhedloedd hefyd, ac y mae difodi cenedl y trychineb nesaf i ddifodi dynol-ryw." "Cofiwch," meddai wedyn, "eich bod yn genedl trwy ordeiniad Duw." Ei ddogma ef oedd nad oedd cenedl yn bod ar wahân i iaith. Nid dyma'r lle i holi beth yn union sy'n gwneud cenedl. Dim ond sylwi mai'r hyn a glwyfai Emrys oedd gweld cyd-Gymry yn clwyfo'r iaith a'i diwylliant trwy godi capeli Saesneg mewn lleoedd nad oedd gofyn amdanynt.

Fel hyn y mae T. Gwynn Jones yn cloriannu'r llythyrau a ddanfonodd Emrys i'r *Faner:* "Er mai i bapur newydd yr ysgrifennai ni ddaeth dim llipa dan ei law erioed, ac nid ysgrifennodd ddim ychwaith heb ei fod yn ymwneud ag egwyddorion pwysig bywyd dyn." Gwawd a ddefnyddiai Emrys i chwipio'r rhai a oedd dan y "dwymyn Seisnig", fel y galwai ef y duedd yn rhai pobl i godi capeli Saesneg yng Nghymru. Dyma T. Gwynn Jones eto: "Yr oedd ysgrifau fel hyn yn bethau newydd yn y papurau Cymraeg am fod golwg eu hawdur ar fywyd yn llawer ehangach a'i wybodaeth am genhedloedd a gwledydd yn gymaint mwy nag eiddo neb a fu'n ceisio gwneud cyffelyb waith o'r blaen. Yr oedd yn naturiol i'w lythyrau dynnu sylw."

Er nad oedd Emrys yn bleidiol iawn i'r weinidogaeth sefydlog ac er nad ymddengys bod unrhyw frys arno am gael ei ordeinio, gadawodd i'w enw ymddangos ar gylchlythyr y Cyfarfod Misol at bob eglwys yn gofyn i'r swyddogion gymeradwyo ei ordeinio. Methodd Emrys â chael digon o bleidleisiau. Rhaid ei fod wedi tynnu llawer o'r blaenoriaid yn ei ben gyda'i lythyrau i'r Wasg. Cynigiwyd ei enw drachefn ym 1878 ac eto yn '79 ac '80 a'i wrthod a gafodd bob tro. Dyna fesur digofaint y saint.

Er gwaetha'r cyfan i gyd cyflwynwyd enw Emrys o'r diwedd ymysg y rhai i'w hordeinio yng Nghymdeithasfa Llanidloes ym 1881. O ddarllen y crynhoad sydd gan T. Gwynn Jones o'r hyn a ddigwyddodd ni fedr neb lai nag edmygu Emrys am ei safiad, a hynny yn wyneb ymosodiadau gwŷr trymion fel Owen Thomas, John Hughes, Lerpwl, a Lewis Edwards. Roedd pawb yn ei erbyn, ac yntau'n rial Daniel yn eu canol. Yr un pryd mae dyn yn tristáu o glywed bod Lewis Edwards wedi cael lle i achwyn fel hyn: "Y mae y gŵr ieuanc hwn wedi dweud pethau budr amdanaf fi." Dros ddau eisteddiad o'r Gymdeithasfa bu'r holi a'r croesholi yn symud o faes y Gyffes Ffydd a'r Golygiad Byr hyd at gredo arbennig Emrys ar weddi. Yr oedd pawb fel petai wedi cynllwynio i wrthod cais Emrys gydag unfrydedd.

Er iddo gael ei wrthod, ystyriai'r Cyfarfod Misol yn Nyffryn Clwyd yn ddiweddarach yr un mis fod R. Ambrose Jones yn sefyll ar yr un tir ag yr oedd cyn ei gyflwyniad i'r Gymdeithasfa. Rhaid bod yr hanes llawn yn y *Goleuad* am ei brawf yn Llanidloes wedi ennill cefnogaeth anghyffredin iddo. Pan fynnai Emrys, yn ei siomiant, ymddiswyddo fel aelod o'r Cyfarfod Misol, gwrthodwyd ei gais a thynnodd yntau ei ymddiswyddiad yn ôl. Cafodd brofion amlwg fod ganddo ffrindiau cywir ymysg ei gydnabod yn ei Gyfarfod Misol ei hun, a rhaid mai balm i'w ysbryd oedd clywed Thomas Gee, neb llai, yn ei alw'n "un o ddynion galluocaf Cymru" — clod nid bychan.

Ond tynnodd Emrys helynt i'w ben bron ar unwaith eto trwy gynnwys y geiriau hyn mewn llythyr i'r *Faner*: "Gwiw iawn y gelwir yr achos Seisnig *eglwysig* — sef y gwaith o bregethu Saesneg i Gymry yn 'achos yr Arglwydd'. Fe'i gelwir felly er mwyn ei wahaniaethu oddi wrth achosion Seisnig eraill, megis *bazaars, lotteries, picnics, regattas, cricket clubs, football matches, donkey races, etc.* y rhai sydd oll yn dod o'r un ysbryd ac o'r un wlad."

Ond yn ei flaen yr aeth eto i sefyll ei brawf yng Nghymdeithasfa Llanfyllin yn Ebrill 1883. Er iddo gael ei holi a'i groesholi'n fanwl unwaith eto (ac mae dyn yn synhwyro wrth ddarllen yr hanes fod to o arweinwyr newydd ar godi yn y Gymdeithasfa) y diwedd fu iddo gael ei dderbyn wedi iddo addo peidio â rhwystro penderfyniadau'r Cyfundeb o hynny ymlaen. Ordeiniwyd Emrys yn yr Wyddgrug ym mis Mehefin 1883.

Rhaid bod Emrys wedi sgrifennu myrddiynau o eiriau yn ystod saith mlynedd o frwydro yn y Wasg ac wedi ysgogi llaweroedd i fynegi barn arno ef a'i ddaliadau yn y gwahanol bapurau a chylchgronau.

Gwyddai Emrys yn iawn beth yr oedd yn ei wneud. Yr oedd defnyddio'r Wasg i hyrwyddo'i syniadau yn rhan o'i gredo. Cyffesai'n onest: "Pa beth bynnag a farner am fy null o ysgrifennu, rhaid addef ei fod yn effeithiol i dynnu sylw — yn gyntaf, fel y mae'n naturiol, yn erbyn y cwynwr, ond yn y man at ei gwynion hefyd."

Mae T. Gwynn Jones yn dyfynnu'r geiriau hyn o lythyr un o amddiffynwyr Emrys: "Er gwaethaf pob sarhad, ni chymerodd ei dramgwyddo fel ag i'w absenoli ei hun o foddion gras, er bod hynny yn amcan gan rai. Bu yn ffyddlon gyda'r plant am flynyddoedd, a hynny am ddim, cofier."

Mae'r helyntion ynglŷn â'r Achosion Saesneg yn llenwi mwy na thraean Cofiant Emrys ap Iwan gan T. Gwynn Jones. Dyry'r darlun cyflawn olwg inni ar ŵr ieuanc o arwr a fynnai, costied a gostio, herio pawb er mwyn ei gredo. Daw'r un arwr-iaeth yn amlwg ym mis Hydref 1889 pan alwyd ar Emrys i roi tystiolaeth, fel un o gynrychiolwyr y Cyfarfod Misol, yn Saesneg, o flaen yr ustusiaid yn Rhuthun. "Cymraeg yng Nghymru, os gwelwch yn dda," meddai Emrys, ac er i'r llys geisio'i gael i newid ei feddwl, eu gorfodi a wnaeth i ohirio'r achos. Ymosodwyd arno yn y modd mwyaf ffiaidd a dywed T. Gwynn Jones mai yn y papurach "Saesneg" a cyhoeddir yng Nghymru y ceid yr ymosodiadau butraf arno. Ef, wedi'r cwbl, a luniodd y gair ymreolaeth, ac iddo ef pwrpas ymreolaeth oedd cadw'r Cymry yn genedl o ran teimlad a theithi meddwl: "Y sarhad o beidio â bod yn genedl a fyddai yn sarhad mawr; colli'n hiaith a fyddai yn golled erchyll . . . Hyn a ddylai fod yn bwnc y dydd yng Nghymru heddiw ac yfory a thrennydd: A gedwir Cymru yn Gymreig ai ni wneir? Bod neu beidio â bod yn Gymry . . . a ddylai fod yn oruchaf wrth ethol pob dyn, pa un bynnag ai i senedd y deyrnas ai senedd sir ai senedd tref."

Hyd yn hyn soniwyd yn bennaf am safiad Emrys fel newydd-iadurwr dros hawliau Cymru a'r Gymraeg. Amhosibl yw dyfalu faint o ddylanwad yn union a gafodd yn ystod ei oes. Ond nid oes amheuaeth am ei ddylanwad ar ôl cyhoeddi'r ddwy gyfrol o'r Homilïau ym 1906 a 1909, ac yn arbennig ar ôl cyhoeddi'r cofiant gan T. Gwynn Jones ym 1912. Daeth ei genadwri'n glir i glustiau a chalonnau to newydd o Gymry ifanc, a thrwyddynt hwy gosododd Emrys sylfeini cenedl-aetholdeb Cymru yn yr ugeinfed ganrif.

Yr oedd symudiad Emrys o Abergele i fyw yn Ninbych ac i

weithio yn swyddfa'r *Faner* gyda Thomas Gee yn gychwyn cyfnod newydd yn ei fywyd a'i waith. Dyma ddechrau cyfnod yr *Homilïau* a'r erthyglau llenyddol a ieithyddol. Hyd yn hyn y Ffrancwr Courier a fu'n batrwm llenyddol i Emrys a dangosodd finiogrwydd teilwng o'i feistr yn ei lythyrau i'r Wasg. Ond yn yr *Homilïau* daw dylanwad Pascal, Ffrancwr arall, i'r amlwg — Pascal, un o ysgolheigion ac athronwyr enwocaf yr ail ganrif ar bymtheg, a hen lanc fel Emrys, ac un yn ôl pob hanes a fu'n hael wrth gyd-ddyn mewn angen — eto fel Emrys. Nodweddir ei arddull gan dlysni ymadrodd a choethder a ffraethineb. Yr oedd y gynneddf o watwareg yn gryf ynddo hefyd. Mae'r elfennau hyn oll, ynghyd â'r ddawn i draethu'n gryno, yn glir ac yn gywir, yn nodweddu'r *Homilïau* a'r erthyglau llenyddol. Diorseddwyd y ffraethineb arwynebol ac felly, a dyfynnu'r Athro Bobi Jones, "Crewyd llenyddiaeth anghyffredin o gref. Pan ddychwelai Emrys yn achlysurol i'w hen lwybrau cecrus nid yw'n chwanegu dim at ei gyfraniad i lenyddiaeth. Enghraifft deg o'r dychwelyd hwn oedd ei ymdaeru â Thomas Darlington ar dudalennau'r *Geninen* ym 1896, pryd, yn ôl R. T. Jenkins, y gwelwyd Emrys ar ei salaf. Rhyw grych ar wyneb tawel ei ddyddiau fel gweinidog o 1886 hyd ei farw ym 1906 oedd y ddadl honno. Mynd yn weinidog i Ruthun yn gyntaf ac yna i Drefnant ac wedyn i'r Rhewl ar ei delerau ei hun a wnaeth: dim mynd ar brawf i bregethu; dim ond rhyw bump o Suliau gartref bob blwyddyn; dim penderfynu ar gyflog ymlaen llaw — a gofalu ei fod yn cael digon o egwyl bob haf i fynd i grwydro'r cyfandir."

Rwy'n cofio gofyn i Miss Francis Jones, a fu farw ym 1968 yn 94 oed, beth a feddyliai hi o bregethu Emrys. "Oedd o'n sych?" Synnai hi at y fath gwestiwn. "O, nac oedd yn wir . . . Roedd o'n ddiddorol tu hwnt." Ac fe ŵyr pawb sy'n gyfarwydd â'r ddwy gyfrol o'r *Homilïau* a'r gyfrol o bregethau fod Miss Jones yn dweud calon y gwir. Wrth reswm, nid oedd pawb mor ddiwylliedig-graff â Miss Francis Jones ac E. Wyn Roberts, ond hyn sy'n bwysig: nid yn gymaint beth fu apêl yr *Homilïau*, ond yn hytrach beth yw eu hapêl arhosol i Gymru heddiw ac yfory. Nid gwaith meudwy llenyddol na chrefyddol mohonynt ond yn hytrach creadigaethau un oedd â'i enaid ar dân a'i syn-hwyrau yn ymateb i broblemau ei oes. Yr oedd o hyd yn defnyddio'r gair *ymreolaeth* ac yn annog ei gyd-Gymry i ffurfio plaid genedlaethol Gymraeg. Darlithiai ar y priodoldeb o gael prifddinas i Gymru, a siaradai fel llenor diragfarn gan ddangos bod yn haws i'r bobl garu eu cenedl pan fo hi wedi'i hymgorffori mewn un person ac ymgrynhoi o'i doniau a'i bywyd mewn un ddinas. Dangosodd yn deg na bu Cymru erioed dan un teyrn. "Tri lle sy'n annwyl gan y Cymro," meddai, "sef yr hen wlad, yr hen sir, a'r hen ardal neu'r hen gartref." Yr oedd Emrys yn arddel enw Machynlleth ac yn rhag-weld y ddinas fawr a gwych a fyddai yno cyn hir, pe codid yno senedd-dŷ i wneuthur deddfau . . . i Gymru. Nid yw'n gyndyn yn ei ddadlau o blaid Machynlleth — dim ond i'r brif-ddinas fod yn rhywle yng nghanolbarth Cymru. Ond ei swydd yn yr *Homilïau* oedd darparu dinasyddion teilwng o'r brifddinas pan ddeuai honno i fod.

Yn ystod ei oes, digon prin o ymateb a gafodd Emrys i'w syniadau gwleidyddol oherwydd dyma flynyddoedd llewyr-chus y Blaid Ryddfrydol yng Nghymru. Onid oedd y dyfodol yn olau, a'r werin yn dechrau blasu peth ar ragorfreintiau'r rhai breintiedig? Ac yr oedd sŵn band gorymdaith gwerin tua'i hystad yn boddi llais y proffwyd — y proffwyd o lenor a oedd wrthi'n ddibrin yn sgrifennu a sgrifennu. Gadawodd ei bapurau i gyd — a dyna i chi un am bapurau ydoedd — i ofal T. Gwynn Jones, ac mae'r rheini'n llu yn Aberystwyth yn awr, gan gynnwys llythyrau serch yn Saesneg — at gariad o Gymraes — rhag ofn i'w rhieni uniaith ddod ar eu traws! Tystia'r cyfoeth papurau i ddyfalwch Emrys wrth ei waith fel gweinidog. Y mae cannoedd o enghreifftiau o'i weddïau a'i nodiadau ar gyfer Cyfarfodydd Plant ar gael yn eu plith. Tystiolaeth pawb a fu'n mynd trwy bapurau Emrys yw y gellid eto gael cyfrolau (yn arbennig o'i weddïau) i ychwanegu at yr hyn o'i waith a gyhoeddwyd eisoes.

Mae gennym le i ddiolch bod Emrys wedi methu'n lân â byw ar lenydda. Dyma'i gyffes: "Yr oeddwn i, pan yn laslanc, yn meddwl y gallaswn wasanaethu fy nghenhedlaeth trwy sgrifennu epistolau yn well na llawer o ddynion anysbrydoledig; ond gan nad oedd ar Gymru ddim eisiau epistolwr fe gymhellwyd arnaf i fyned yn bregethwr." Pe llwyddasai yn ei amcan buasem wedi colli'r trysorau hyn — yr *Homilïau*. Maent yn drysorau am eu bod yn costrelu gwybodaeth eang am amryw o wyddorau, sylwadaeth fanwl ar y byd naturiol o'i gwmpas, a dadansoddiad beirniadol y gweledydd craff o gymhellion y natur ddynol a'r cyfan wedi eu saernïo'n gelfydd mewn arddull ddethol. Gellir cyfaddasu atynt rai o eiriau Emrys ei hun yn y bregeth "Meddyliau Calon Duw": "Meddyliau calon dyn yw ei feddyliau gorau. Dyna'r unig feddyliau sy'n wlyb gan wlith y nefoedd, yr unig feddyliau bytholwyrdd y mae'n dda gan laweroedd eistedd dan eu cysgod, a'r unig feddyliau sy'n cadw eu harogl o genhedlaeth i genhedlaeth . . . Meddyliau'r galon, ac nid meddyliau'r pen, a saif o genhedlaeth i genhedlaeth."

Dyn eang ei fryd a llydan ei orwelion oedd awdur yr *Homilïau*. Gwrandewch arno: "Yr ydys yn croesawu pob gwirionedd o ba gyfeiriad bynnag y delo." Eto: "Parchwn y Beibl yn anad un llyfr, ond parchwn hefyd y rheswm a roddwyd inni i ddeall y Beibl." A beth am hwn — "Da chwi, gyfeillion ieuainc, na fyddwch yn gulach eich barn na phawb wrth gymryd arnoch fod yn rhyddach eich barn nag eraill. Ceisiwch y gwirionedd ymhob man, ac os cewch hyd iddo yn Eglwys Rhufain, yn Eglwys Loegr, ym mhlith y Bedyddwyr, neu y Wesleiaid, derbyniwch ef yn llawen."

'Nawr dyma'r demtasiwn wrth sôn am Emrys ap Iwan — yr ysfa i'w ddyfynnu'n helaeth. Gallai Emrys ddysgu llawer i John Arlott a'i debyg sy'n cymryd arnynt fod yn awdurdod ar winoedd. Darllenwch beth sy' ganddo i'w ddweud yn y bregeth ar "Y Ddau Win". Ac o na allwn gael rhieni Cymru heddiw i ddarllen y bregeth "Crefydd yn Dreftadaeth", a phob un sy'n dysgu plant i ddarllen y bregeth ar "Y Cochl", a phawb ohonom "Y Ffordd Fforchog". Mae'r dadansoddiad o natur a stad chwaraeon yn niwedd y ganrif ddiwethaf yn y bregeth "Caru Difyrrwch" yr un mor berthnasol i ni heddiw: "Y maent yn teithio milltiroedd er mwyn chwarae; am chwarae y maent yn siarad, am chwarae y maent yn darllen, ac am chwarae y maent yn meddwl. Chwarae yw gwaith llawer ohonynt, eu proffes, eu galwedigaeth; a phan elo chwarae yn waith y mae'n peidio â bod yn chwarae.''

Nid wyf wedi sôn dim am waith Emrys wrth ei swydd fel gweinidog, am ei ddawn gyda phlant a phobl ieuainc, am ei dynerwch a'i hawddgarwch, am ei ddarlithiau ac am ei waith trylwyr fel beirniad mewn eisteddfodau bach lleol. Mae digon o dystiolaeth am hyn i gyd. Tybed a oedd Emrys ar fin cael ei gydnabod pan ddaeth y diwedd mor sydyn? Ef oedd i feirniadu ar y traethawd ar "Genhedloedd Bychain Ewrop" yn Eisteddfod Genedlaethol Caernarfon ym 1906.

Cyn iddo farw yn y Rhewl ar Ionawr 10, 1906, cafodd ei gyfeillion yn Nyffryn Clwyd gyfle i ddangos eu gwerthfawrogiad ohono trwy wneud tysteb anrhydeddus iddo er mwyn talu am driniaeth lawfeddygol iddo gan arbenigwr o Lerpwl.

Gadawn iddo ef gael y gair olaf — darn o frawddeg a ddefnyddiodd Emrys mewn cyswllt arall yn y bregeth, "Yr awr a fydd yn awr y sydd": "Ni bydd efe marw, ie, ni all efe farw . . . y mae yn rhy fyw i farw.''

H. M. Stanley

Lucy M. Jones

"Gyda chymorth arloeswyr eraill, rhoddodd Stanley i ni fel cenedl, heddwch: bu iddo adfer ein hurddas dynol a gwella ein bywyd materol. Trwy addysg cynorthwyodd ni i wella'n deallusrwydd: ond uwchlaw dim arall bu iddo werthfawrogi ein hysbrydolrwydd ni . . . Yr arloeswr hynaws, talentog hwn, yn ei haelioni a'n harweiniodd ymlaen fel y gallem ddarganfod gwir olud bywyd, gwaith gwir hynod a dyngarol a fu'n gyfrwng i ddod â buddiannau gwareiddiad i wlad oedd eisoes wedi ei thrwytho mewn anwareidd-dra truenus . . .

Gadewch i ni dalu teyrnged i Stanley, rhagredegydd ein gwareiddiad!"

Yn y geiriau uchod (a gyfieithwyd o'r Ffrangeg gwreiddiol) y talodd Patrice Lumymba, Llywodraethwr o Leopoldville, ei deyrnged i Stanley yn ei lyfr *Llais Pobl y Congo* (1954).

Pwy oedd yr H. M. Stanley hwn a beth sydd a wnelo ef â bro'r Eisteddfod? Fe'i ganwyd ar 28 Ionawr 1841, meddir, yng nghysgod hen Gastell Dinbych, ac yn ôl atgofion meddyg teuluol, bu cryn drafferth ar achlysur ei enedigaeth. Bu angen galw ar lawfeddyg i roi cymorth ac arbed bywyd y fam a oedd yn ddim ond deunaw oed ar y pryd. Elizabeth Parry oedd ei henw hi a honnid mai un John Rowlands, y Llys, Llanrhaeadr oedd y tad. Cofrestrwyd y baban ar dipyn o frys yn eglwys hardd St Hilary, ger y castell yn Ninbych, ar 19 Chwefror 1841 gan roi enw ei dad, John Rowlands, ar y bachgennyn. Bu ei Fodryb Mary, chwaer ei fam, yn garedig iawn wrthynt ill dau, ond pan anfonwyd Elizabeth i Lundain yn fuan iawn wedyn, ymgymerodd y taid oedrannus, Moses Parry, â magu'r baban.

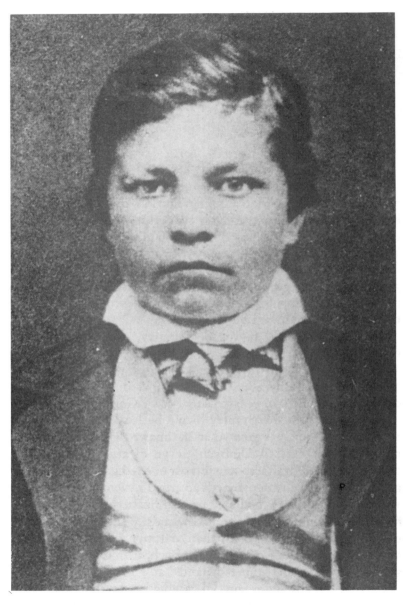

John Rowlands (H. M. Stanley, 1841-1904), darganfyddwr Dr Livingstone ac un o arloeswyr Affrica ym 1858. Gweler plac yn Eglwys Gadeiriol Llanelwy.

Cigydd yn Ninbych oedd Moses Parry. Yn ei hunangofiant enwog y mae H. M. Stanley yn cofio'r cartref hwnnw a gafodd gan ei daid gan sôn amdano fel "bwthyn gwyngalchog ar y chwith i borth y castell, gyda gardd helaeth y tu ôl iddo; a gerllaw roedd tŷ lladd anifeiliaid a ddefnyddiwyd gan fy Ewythr Moses." Cofiai hefyd fynychu capel y Wesleiaid hefo'i daid gan nodi bod yno "amgylchedd glyd ac arogl rhyfeddol o lafant bob amser."

Ond ym mis Mehefin 1846 bu farw Moses Parry yn ddisymwth. Nid oes amheuaeth i hyn anesmwytho ar fywyd hapus a dibryder y bachgen pump oed yn fawr. Am ychydig fisoedd rhoddwyd ef yng ngofal Richard a Jennie Price o'r Bwthyn, y Bowling Green, cyfagos. Yr oedd ganddynt hwy ferch, Jenny, a hoffai ymlid y bachgen druan i'r tai gerllaw i ddweud straeon brawychus wrtho am ysbrydion. Nid ar chwarae bach, yn ôl ei gyffesiad ef ei hun, y llwyddodd y bachgen John Rowlands i anghofio'r profiadau hyn.

Mae'n bwysig cofio mai 1847 oedd blwyddyn y Newyn Tatws. Nid oedd nac arian na bwyd ar gael i gadw bachgen amddifad. Felly ar brynhawn Sadwrn, 20 Chwefor 1847, ar esgus eu bod yn mynd i ymweld â Modryb Mary yn Nhremeirchion, aeth Dic, brawd Jenny, â'r bachgen ar daith flinedig i'r tloty yn Llanelwy. Clywodd Harriet Jones, y fydwraig, am hyn a gwelodd hithau enbydrwydd y sefyllfa. Does ryfedd iddi ddilyn y ddau gerddwr cyn belled â phen uchaf Pont-yr-alltgoch. Ond nid oedd y bererindod i orffen yno . . . ymlaen yr aeth tan i'r ddau gyrraedd y tloty digroeso yn Llanelwy a Dic Price yn canu'r gloch a throsglwyddo'r bachgennyn diamddiffyn i ofal yr athro creulon, James Francis. Trist iawn oedd y digwyddiad hwn ym more oes y bachgen, ond o leiaf golygodd ei fod yn cael ei arbed rhag trengi o newyn.

Roedd John Rowlands yn llanc deallus o'i oed ac yn awyddus i ddysgu a chydweithredu gyda'i athrawon a'r clerigwyr a'r gweinidogion a oedd yn ymwneud ag ef. Cymerai'r Dr Vowler Short, Esgob Llanelwy ar y pryd, ddiddordeb mawr yn natblygiad meddyliol ac ysbrydol y plant yn y tloty. Ac yn ddiweddarach yn ystod parti Calan yn Nhŷ'r

Esgob ar 5 Ionawr 1855, anrhegwyd John Rowlands â Beibl wedi ei lofnodi, a'r geiriau . . . "am ymddygiad boddhaol a diwydrwydd ynglyn â'i wersi" wedi eu hysgrifennu ar yr wynebddalen. Roedd hon yn anrhydedd fawr yng ngolwg y bachgen a gwnaeth yr amgylchiad argraff fythgofiadwy arno. Cafodd swcwr o'r Beibl hwn tan iddo ei golli wrth ddianc yn Rhyfel Cartref yr Amerig. Ar yr achlysur hwnnw collodd ei drysor pennaf.

Ond nid y parti hwn oedd yr unig barti a roes yr esgob i'r plant. Caent chwaraeon ar y lawnt gerllaw i'w gartref o bryd i'w gilydd. Hawdd deall felly, a phwysig yw cofio, sut y bu i John Rowlands droi at ei esgob am fwy nag un cyngor wedi iddo ymadael â Dyffryn Clwyd.

Yn fuan yn ei yrfa dangosodd y bachgen ei ddawn fel arweinydd, oblegid ef oedd y *monitor* a enwebwyd i ofalu am y plant eraill er sicrhau trefniadau addas i gadw'u gweithdai a'u hystafelloedd cysgu yn lân. Ac ar wahân i'w ddawn i feistroli ei wersi, roedd ganddo hefyd dalentau anarferol i gynllunio adeiladau, a llunio map. Bu'r doniau hyn yn eithriadol o bwysig iddo ar hyd ei oes. Un arall o'i dueddiadau cynnar oedd hwnnw a'i cymhellai i ddianc. Wrth ffoi o'r tloty byddai yn anelu am gartref ei Ewythr Moses a'i Fodryb Catrin a gadwai siop y cigydd yn Ninbych (bron ar gyfer siop Woolworth heddiw). Ar un achlysur, wedi iddo gael swper a gwely nos a brecwast, anfonodd ei Fodryb Catrin ef yn ôl i'r "ysgol" yn Llanelwy ar y goits fawr â chwe cheiniog yn ei law. Ond byddai unrhyw anrhegion ariannol a gâi yn cael eu defnyddio i brynu afalau pêr a danteithion eraill i'w rhannu ymhlith ei gyfeillion. Mae'n dra thebyg mai dyna fu tynged y chwe cheiniog y tro hwn hefyd.

Yn y cyfamser roedd ei fam wedi dychwelyd i fyw yn Ffordd y Dyffryn, Dinbych, ac wedi rhoi genedigaeth i Emma (Ebrill 1843) a Robert (1848). Dair blynedd yn ddiweddarach, ar 14 Mehefin 1851, gwelwn iddi hithau, gyda'i bachgen bach tair oed a'i merch wyth oed, ddod o dan ofalaeth Bwrdd y Tloty yn Llanelwy. Ni bu yno'n hir. Aeth hi ynghyd â Robert oddi yno, ond bu'n rhaid i Emma aros hyd 1857. Bu John Rowlands ac Emma ei chwaer yn gyfeillion cu ar hyd eu hoes a phan anwyd ei hail ferch hithau, flynyddoedd yn ddiweddarach yn Ionawr 1875, galwyd hi yn Emma Stanley Hughes.

Oherwydd ei hamgylchiadau enbyd ei hun ni ddangosodd y fam unrhyw bryder am ei mab cyntafanedig, er ei fod mor amddifad ac anghenus. Er hynny meddyliai John Rowlands y byd o'i fam, ac wrth ei chofio yn dod i'r tloty disgrifiodd hi fel . . . "gwraig dal, gyda wyneb crwn a swp mawr o wallt du y tu ôl i'w phen."

Tynged John Rowlands fu aros yn y tloty dan ofal James Francis tan iddo gyrraedd ei bymthegfed pen-blwydd. Er mor galed oedd hi arno mae lle i gredu (ac i ddiolch) iddo gael gofal a charedigrwydd yno. Dywedodd ef ei hun ar ddiwedd ei yrfa bod ganddo achos i fod yn ddiolchgar i'r "lle anarferol hwnnw" am iddo gael yno gyfle i fagu ffydd yn Nuw fel Tad i'r amddifad, ac am iddo gael yno hefyd y cyfle i ddysgu darllen a chael crap ar elfennau daearyddiaeth. Deuai ficer y Cwm, y Parchedig Smalley a'i chwaer Miss Smalley, â llyfrau ysgrifennu a phensiliau iddo, a dysgodd y Parchedig Watkin Williams (gŵr a ddyrchafwyd yn Esgob Bangor wedi hynny) yr ysgrythurau iddo.

Ond tyfai ysfa i ddianc o'r tloty ynddo fel yr âi'n hŷn, ac ar ddydd Mawrth 13 Mai 1856 am 4.00 o'r gloch yn y prynhawn y daeth achos iddo wneud hynny wedi i James Francis yr ysgolfeistr ymosod yn ddidrugaredd arno ef a bechgyn eraill y dosbarth. Ni fedrai John Rowlands ddioddef dim mwy. Gwrthryfelodd a throes ar y dyn gan ei guro â'i ffon ei hun a malu ei sbectol yn y fargen. Cludodd dau fachgen o'r enw Moses Roberts a John Rowlands y meistr, ac yntau bron yn anymwybodol, a'i roddi i eistedd ar ei wely yn ei ystafell. Aethant wedyn i nôl eu heiddo personol o'r llofft heb anghofio Beibl yr Esgob, ac ar ôl taro un cipolwg ar James Francis, ffoesant dros fur yr ardd gefn a'i heglu hi i gyfeiriad Bodfari. Ar ôl gorffwyso'r nos yng nghysgod tas wair, cyrraedd ffordd yr A5 ger Corwen. Mewn bwthyn y tu draw i'r bont cawsant luniaeth gan wraig garedig. Yn ei hunangofiant mae'r arloeswr yn dwyn atgof am felyster y lluniaeth honno, sef brechdan driog a llaeth enwyn; "yr oedd yn fwy blasus nag unrhyw wledd a gefais yn nyddiau fy enwogrwydd," meddai. Er yn flinedig cymerasant gyngor y wraig a dychwelyd yn ôl ar hyd Dyffryn Clwyd a chyrraedd Dinbych "y dref a garem mor fawr". Yno cafodd Moses Roberts lety gan ei fam ac aeth John Rowlands i weld ei ewythr Tomos Parry a oedd wedi ymbriodi â Mary Williams. Nid oedd neb yn awyddus i gymryd gofal ohono oherwydd yr un wythnos, ddydd Iau 15 Mai 1856, y ganwyd y pedwerydd o blant anghyfreithlon ei fam mewn gwesty yn Stryd Bedford, y Rhyl. Y tro hwn priododd y fam â'r tad, sef Robert Jones, yng nghapel Bethlehem, Llanelwy, ac erbyn 1862 roeddent wedi ymgartrefu fel teulu yn y Cross Foxes yn y Glasgoed gerllaw.

Ar ôl treulio'r noson yn y Llew Aur ar sgwâr Dinbych gyda'i berthnasau, Ewythr Tomos a'i wraig, aeth John Rowlands ar ei union i Brynffordd ger Treffynnon, lle trigai ei gefnder Moses Owen (ail fab Mary Owen, Ffynnon Beuno, Tremeirchion) a oedd yn ysgolfeistr yno. Ar yr amod yr âi yn ôl i dŷ ei fodryb yn Ffynnon Beuno ac ymwisgo mewn dillad newydd ac esgidiau glân cafodd addewid o swydd fel *monitor* yn yr ysgol. Felly y bu a chyda chymorth ei gefnder cafodd gyfle i ddatblygu ei addysg a hyd yn oed astudio'r clasuron. Dangosodd ei fod yn fachgen peniog a thalentog a gwnaeth ymdrech lew i ehangu ei orwelion. Ond ymhen ychydig fisoedd gwelwyd bod yna anniddigrwydd yn goddiweddyd y bachgen a gwahoddwyd ef gan ei Fodryb Mary i fynd i aros yn Ffynnon Beuno, Tremeirchion. Dyma un o'r cyfnodau hapusaf yn ei fywyd. Treuliodd ei amser yn ddedwydd yng nghwmni ei gefndryd John (18 oed) a David (14 oed). Gwnaeth ei Fodryb Mary bob ymdrech i'w helpu trwy gysylltu â'i chwaer Maria a'i gŵr yn Lerpwl. Anogodd hwy i chwilio am waith iddo ym myd y llongau yno. Ganol haf 1858 y bu hyn pan oedd y dirwasgiad ar ei waethaf. Ond erbyn Awst cawn yr hanes am ei Fodryb Mary yn mynd â fo yn y cert gwyrdd a'r ferlen Dobbin yn eu tynnu i fyny allt serth Tremeichion i ddociau Mostyn ac oddi yno ar y cwch i Lerpwl. Mewn gwesty yng nghwmni Cymry Cymraeg y ddinas honno y ffarweliodd Mary Owen â'i nai ifanc. "Siarsodd fi i fod yn fachgen da a gweithio'n galed: a gwasgodd sofren felen i'm llaw." Ni welodd mohoni byth wedyn yn y cnawd ond ar 17

Ebrill 1862, pan oedd mewn carchar rhyfel yn yr Unol Daleithiau, cafodd John Rowlands freuddwyd eglur amdani ar ei gwely angau yn y cartref cysurus yn Nyffryn Clwyd. Methiant llwyr fu'r ymdrech i gael gwaith sefydlog yn Lerpwl i John Rowlands, ac o ganlyniad ar 20 Rhagfyr 1858 aeth ar y llong *Windermere* i Orleans Newydd, yn yr Unol Daleithiau. Brodyr-yng-nghyfraith Henry Cleaver o Lanelwy a oedd yn newyddiadurwyr ym Missouri, a roes gychwyn i'r Cymro ifanc yn y maes hwnnw, a bu ei yrfa fel newyddiadurwr,

Dyma'r olygfa yng nghefn ffermdy Ffynnon Beuno, Tremeirchion, lle treuliodd John Rowlands (sef H. M. Stanley wedi hynny) gyfnod o'i ieuenctid yng nghwmni ei ddau gefnder John a David Owen a'u mam, Mary Owen, a oedd yn chwaer i'w fam. Yn y llun gwelir ffenestri'r llofftydd lle cysgai'r gwŷr ifainc. Yn rhyfeddol, mae cefn Ffynnon Beuno heddiw fel ag yr oedd yng nghanol y ganrif ddiwethaf a gellir gweld y cwt lle cedwid y trap neu'r gert (y drysau dwbwl) a stabl y ferlen fach, y saif y ferfa o'i blaen. O'r buarth hwn y cludwyd John Rowlands yn 17 oed yng nghwmni ei Fodryb Mary i ddociau Mostyn i gyfarfod â'r cwch a'i dygai i Lerpwl. Yno roedd Tom a Maria Morris, 22 Stryd Roscommon, i'w gyfarfod a'i letya cyn iddo ymfudo i Orleans Newydd ym mis Rhagfyr 1858 a newid ei fyd yn llwyr.

darlithydd ac awdur yn dra diddorol a llwyddiannus. Croniclodd ef ei hun y cyfan o'i weithgareddau yn fanwl a helaeth ac fe gawn fod llu o'i edmygwyr wedi gwneud yr un peth. Fel y gwyddom fe ddaeth yn fyd-enwog ac yn ystod ei fywyd derbyniodd anrhydeddau rif y gwlith mewn gwledydd a dinasoedd ym mhob un o'r pum cyfandir. Anrhydeddwyd ef â graddau prifysgolion, gan gynnwys Rhydychen a Chaergrawnt, ac â chasgedi rhyddid rhai o ddinasoedd pwysicaf y byd. Nid oes amheuaeth iddo deimlo bod ei wreiddiau a'i blentyndod tlodaidd yn Llanelwy yn rhwystr iddo pan ddaeth i enwogrwydd, ac ar y dechrau gwadodd ei gefndir gan fynnu mai Americanwr ydoedd. Bu'n gweithio am ddwy flynedd wedi cyrraedd Orleans Newydd i un Henry Morton Stanley, masnachwr cotwm yno, a mabwysiadodd ei enw . . . Henry Morton Stanley ym 1859. Erbyn 1861 roedd wedi ymuno â Byddin y De a bu'n ymladd yn y Rhyfel Cartref. Cymerwyd ef yn garcharor ym mrwydr Shiloh yng ngwanwyn 1862, ond fe'i rhyddhawyd oherwydd ei afiechyd. Erbyn 1864 roedd wedi ymuno â llynges yr Unol Daleithiau, ond yn Chwefror 1865 troes yn ffoadur. Erbyn 1866 roedd yn teithio yng ngwlad Twrci. Pan ddychwelodd i'r Unol Daleithiau y flwyddyn wedyn fe'i cyflogwyd yn ohebydd arbennig i'r *Missouri Democrat* i roi adroddiadau ar ymgyrch y Cadfridog Hancock yn erbyn yr Indiaid Cochion. Yn Rhagfyr 1867 ymunodd â staff *Herald Efrog Newydd* ac anfonwyd ef i Abyssinia i roi hanes y rhyfel yno. Ym mis Hydref 1869 cafodd gennad gan ei olygydd i fynd i Affrica i "chwilio am Dr Livingstone". Gadawodd Zanzibar ar 6 Chwefror 1870 a dod o hyd i'r Dr Livingstone yn Ujiji ar 3 Tachwedd 1871. Mae'r hanes hwn yn wybyddus i bawb ac ar y pryd roedd y byd yn gyfan yn dilyn yr antur â chwilfrydèdd ac edmygedd mawr. Ond wedi'r cyffro hwnnw yn ôl yr aeth eto ym 1874 i'r cyfandir tywyll lle bu'n gwneud gwaith arloesol. Dyma pryd y dechreuwyd troi pobl teyrnas Uganda at Gristnogaeth. Gyda chydweithrediad y brenin Mtesa cafodd H. M. Stanley gyfle i olrhain cwrs Afon Congo ac o ganlyniad i'w waith dechreuodd bob math o fasnach ffynnu ar yr afon honno er sicrhau datblygu Uganda.

Blwyddyn cyhoeddi ei lyfr *Trwy'r Cyfandir Tywyll* oedd 1878, a rhwng y flwyddyn honno â 1884 bu'n gweithio'n ddyfal a dewr i hybu datblygu gwladwriaeth y Congo. Bu'n ôl ac ymlaen yn Affrica ar ymgyrchoedd ac yn cynorthwyo'r rhanbarthau weddill ei oes.

Mae yna duedd i feddwl na fu gan H. M. Stanley ddim i'w ddweud wrth ei fro enedigol a'i deulu. Mae hyn yn gwbl anghywir. Yn ystod ei absenoldeb yn Unol Daleithiau'r America ac yn Abyssinia ysgrifennai'n gyson at ei fam yn y Glasgoed ac at amryw o'i deulu yn Ninbych. A phan ddychwelodd i Lundain ym mis Hydref 1868, gwahoddodd ei fam a'i chwaer Emma ato gan fwynhau eu cwmni yn fawr. Yn fuan iawn wedyn treuliodd yntau beth amser yn y Glasgoed gyda hwy. Yn ôl atgofion llygad-dystion bu wrthi'n brysur yn ysgrifennu yn ystod yr egwyl hon a rhoddai'r argraff i'r trigolion nad oedd ganddo lawer o amser i segura: gwell oedd ganddo grwydro'r coedwigoedd gan gludo ei lyfrau gydag ef.

Aeth â'i fam ac Emma i Baris yn Ionawr 1869. Ni chollodd ei fam yr un cyfle i bwysleisio ar ei mab y pwysigrwydd o briodi Cymraes. Daethant yn ôl i Lundain cyn bo hir ac ym mis Mawrth 1869 wele glamp o lythyr câr gan ein harwr at ferch o Ddinbych yr oedd ei thad yn digwydd bod yn Llundain ar y pryd ac yn ôl yr hanes â gwaddol o £1,000 i'r darpar briodfab! Ni ddaeth dim o'r cynnig. Priododd y Miss Roberts honno â chyfreithiwr! Ond diddorol nodi i'r llythyr gael ei gadw yng nghyffiniau Dinbych ac iddo gael ei gyhoeddi yn ei grynswth yn yr *Abergele Visitor* ar 20 Rhagfyr 1930.

Ymwelodd Stanley â'r tloty yn Llanelwy yn ddiweddarach gan fynnu gair efo gwarchodwyr y lle. Rhoddodd anerchiad o ddiolch gwresog i'r Pwyllgor gan nodi ei werthfawrogiad am y fagwraeth a'r addysg a gafodd yn ystod ei arhosiad yno. Mae achos i gredu ei fod hefyd wedi ymweld â'i gefnder, David, yn Ffynnon Beuno, Tremeirchion. David oedd yr olaf o deulu Modryb Mary i ddal y tir. Pan fu farw Emma Louise, gwraig David, ysgrifennodd Stanley yn wylofus yn ei ddyddiadur . . . "hi oedd fy nghariad bach cyntaf i."

Yn ôl atgofion Dr Evan Pierce, Dinbych, ymwelodd

Elizabeth, ei fam, â H. M. Stanley am y tro olaf yn Llundain tua diwedd 1885. Ar 24 Mawrth 1886 bu hi farw yn y Cross Foxes yn 64 oed a chladdwyd hi ym mynwent yr eglwys ym Model-wyddan.

Adroddwyd wrthyf o bryd i bryd lawer o hanesion a gadwyd ar gof gan aelodau agos o'r teulu a chan gymdogion a chyfeill-ion iddynt, a'r argraff sy'n aros o hynny yw bod H. M. Stanley enwog yn cofio ac yn parchu ei wreiddiau ac yn dyheu am gael modd i gydnabod hynny trwy ymweld â'i deulu yn yr ardaloedd hyn, a dwyn anrhegion drudfawr i'w fam yn arbennig.

Tua 1889 oedd hi pan ymwelodd H. M. Stanley â'r fro am y tro olaf. Cyrhaeddodd Dremeirchion mewn cerbyd a dynnid gan geffylau. Ymwelodd unwaith eto â Ffynnon Beuno. Ym-holodd am lun a ddygasai yno i'w hongian ar wal ystafell flynyddoedd lawer ynghynt a gofynnodd am ganiatâd i fynd i'r llaethdy i gael llymaid o laeth enwyn fel yr arferai gynt. Yna cafodd ef a'i gymdeithion fyrbryd yn y Salusbury Arms yn y pentref a gwahoddwyd ei gyn-gyfaill Thomas Edwards, Tan-y-Bryn, i ymuno â hwynt. Faint o sgwrsio fu yno, tybed?

Ymhen pum mlynedd yr oedd H. M. Stanley wedi marw. Yn ei wasanaeth coffa yn Eglwys Gadeiriol Llanelwy ym mis Mai 1904 dyma a ddywedodd yr Esgob A. G. Edwards: "Fel y mawrion i gyd roedd gan Stanley ei wendidau ei hun, ond pan edrychwn yn ôl ac ystyried caledwch ei wreiddiau llwm a gweld pa ddefnydd a wnaeth y dyn hwn o'i fywyd a'r galluoedd a roddodd Duw iddo, dylem ymfalchïo yn y ffaith ei fod yn wir Gymro."

Ardal Rhyfeddodau Naturiol

Norman Closs Parry

Pan fydd naturiaethwyr ac ecolegwyr yn sgwrsio am eu pwnc, yn aml gwneir hynny wrth gyfeirio, nid yn unig at wrthrych, boed blanhigyn, aderyn, gwyfyn neu beth bynnag, ond at ei gynefin hefyd. Mae hyn yn beth rhesymol i'w wneud, gan na fyddai aderyn, pysgodyn neu flodyn yno o gwbl oni bai ei fod yn "lecio ei le", fel y byddwn yn dweud.

Yn nhreigl amser mae naturiaethwyr wedi sylwi fod y "setiau" yma o gynefinoedd â rhyw linyn arian yn rhedeg trwyddynt, a'r hoelion y lapiwn y llinyn amdanynt yw ffenomenau naturiol: tir (daeareg), tywydd ac agwedd. Felly mae adnabod y cynefinoedd cyffredinol hyn, ac i raddau yr is-gynefin o'u mewn, yn ymarferiad diddorol a phleserus wrth edrych ar ein gwlad a'i bywyd gwyllt.

Mae libart eang Eisteddfod Genedlaethol 1985 yn gyfoethog iawn yn y gwahanol gynefinoedd hyn. "Wel, beth ydynt?" dychmygaf rywun yn gofyn. Dyma restr o'r prif fathau ym Mhrydain:

a. Cilfachau heli.
b. Traethau tywod.
c. Traethau cerrig a chlogwyni.
ch. Traethau mwdlyd ac aberoedd.
d. Afonydd.
dd. Dyfroedd llonydd a thir gwlyb.
e. Coedwigoedd deilgoll.
f. Coed pîn — bythwyrdd.
ff. Rhostir.

g.   Llawr gwlad — gweirgloddiau — braenar — tir âr.
ng. Ucheldir.
h.   Tref a gerddi.

Os edrychwch ar fap o'r Rhyl a'r Cyffiniau — hynny ydi, dalgylch yr Eisteddfod — mae'n cynnwys yr holl wlad o barthau Treffynnon a'r wlad o'i chwmpas yn y dwyrain, hyd odre Hiraethog i'r de a'r de-orllewin, ac yna draw eto i'r gorllewin a'r gogledd-orllewin gan gynnwys ardaloedd arfordirol o gwmpas Bae Colwyn cyn dychwelyd am yr "hafan deg" ar loyw draeth. Mae'r libart yn eang, ac i'r naturiaethwr yn gyforiog o'r cynefinoedd sydd wedi eu rhestru. Petaem yn cychwyn mewn gleidar o Ffridd y Garreg Wen wrth ochr yr A55 rhwng Treffynnon a Llanelwy dyweder, ac yn llithro drwy'r awyr las yn hollol ddi-sŵn ac yn cael ein cynnal gan thermalau naturiol, buan y byddai ffurf, lliw ac agwedd natur yn ei ddadlennu ei hun i'n llygaid. Y peth cyntaf y sylwem arno'n sicr yw ôl dyn. Nid cyfeirio rwyf at y mân chwareli calchfaen a'r rhai mwy sydd yn ein libart, nac ychwaith ôl gweithgarwch diwydiannol y gorffennol, ond at grefft gyntaf dynolryw — amaethyddiaeth. Cofier bod rhan o Ddyffryn Clwyd îr yn y dalgylch — ac onid yw'r dyffryn hwn gyda'r prydferthaf ac yn gwilt o batrymau ffermydd? Fel canllaw i'r dyffryn cawn fryniau Clwyd ar y naill law ac i'r gorllewin mae Mynydd Hiraethog. Heblaw am y pentrefi sydd yng nghesail ambell gilfach a hen dref hynafol Dinbych, gwelir mai amaethu o bob math yw ffynhonnell bara caws trigolion llawr gwlad y cyffiniau — ac o fewn y trawsdoriad ac o'n gleidar ddychmygol, mae'n hawdd gweld fel y mae daeareg ac uchder yn dylanwadu ar y math o amaethu a geir.
Fel y llithra'r gleidar am y Glannau mae'r patrwm yn newid — cyfnewidir glesni'r tir am dyfiant adeiladau. Os mai ym misoedd yr haf yr awn trwy'r awyr uwchben ein tamaid gwlad, gwelwn un o'r ffactorau sy'n cyfri am y twf ym mhoblogaeth y trefi. Bydd glannau'r môr wedi eu dotio â phoblach browngoch wedi bod yn mwynhau'r hin yn ystod eu seibiant blynyddol. Ond os craffwch o'ch awyren gwelwch hefyd olwynion pwll glo y Parlwr Du a chraeniau dociau Mostyn a siediau hir gweithfeydd diwydiannol Courtaulds. Eto y rheswm am fodolaeth y

rhain yw tir a daear! Mae'n ffaith ddaearegol yn nhrefn pethau fod dilyniant yng ngwneuthuriad y ddaear dros filoedd ar filoedd o flynyddoedd — a ble mae calchfaen yn brigo — fel ag y mae'n amlwg iawn yn y rhelyw o'n hardal, nid yw'r gwythiennau glo ymhell! Dyna sut y tyfodd Ffynnongroyw a'r parthau cyfagos. I'r dwyrain o'r "Point", chwedl ninnau, mae dociau Mostyn. Tyfodd yr ardal hon oherwydd natur y morfa a'r sianel a'i dyfnder delfrydol i Afon Dyfrdwy. Nid y cenedlaethau diweddar yma oedd yr unig rai i weld hyn. Ddwy fil o flynyddoedd yn ôl, mwy neu lai, roedd llongau'r Rhufeiniaid yn hwylio am Deva rhwng glannau Cymru a thrwyn Cilgwri dros yr afon!

Yr wyf wedi sôn eisoes am yr olion diwydiannol y gellir eu gweld o'n gleidar. Mae hanes diddorol i fwyngloddio yn yr ardal — un sy'n mynd yn ôl i gyfnod y Rhufeiniaid hefyd. Ond olion yr oes o'r blaen, y bedwaredd ganrif ar bymtheg a dechrau'r ugeinfed ganrif a gawn o Fynydd Helygain i ardal y Glannau yn Nhrelogan, a hefyd o gwmpas Hiraethog rŵan. Tir sâl i dyfu dim arno yw sbwriel plwm a sinc a cherrig calch a "chert", fel y gŵyr pawb. Wyddoch chi mai yn yr ardal yma o gwmpas Trelogan y bu'r naturiaethwr enwog, yr Athro Anthony Bradshaw, yn arbrofi efo tyfu gweiriau a phlanhigion i groeni tir diffaith a garw? Flynyddoedd yn ôl erbyn hyn bu'r Athro o Brifysgol Lerpwl yn stelcian ar fryniau rwbel mwyngloddio Trelogan. Wrth weld peisgwellt coch (*Festuca rubra*) yn ffynnu ar y pridd, gwenwynig i bopeth arall bron, dechreuodd ofyn iddo'i hun — beth oedd y rheswm am hyn. Dechreuodd ymchwilio a darganfuwyd pethau pwysig ym myd cadwraeth. Mae'r gweiryn yma wedi'i addasu ei hun ac esblygu i fyw mewn tir anial, tlawd, ac erbyn hyn mae math ohono a enwir Merlin yn cael ei ddefnyddio i lasu "hagrwch cynnydd ar wyneb trist" gweithfeydd sydd wedi darfod, ond sydd â'u creithiau'n hyll a hagr yn aros. Am y gwaith yma dyrchafwyd Anthony Bradshaw yn Gymrawd o'r Gymdeithas Frenhinol!

Wth sôn am gadwraeth yn y fro, mae aml lecyn wedi ei glustnodi gan y Cyngor Cadwraeth Natur fel man o ddiddordeb gwyddonol arbennig, a hefyd mae'r byd adaryddol yn gwybod erbyn hyn fod rhai cannoedd o aceri ar lannau Dyfrdwy yn cael statws Seintwar. O'n gleidar ddychmygol wrth edrych ar y stribed hwn o dir, dŵr, mwd, tywod a cherrig, tir yn wir sydd mor boblog ym misoedd yr haf — anodd credu mai un o'r anialdiroedd olaf ydyw — ac wrth edrych arno hawdd fuasai meddwl ei fod yn ddiffaith hefyd. Y ffaith yw fod yr arwynebedd yma'n fyw o filoedd ar filoedd o anifeiliaid a chregyn o bob math. Dyna pam mae'r aber a'r morfa mor bwysig ym myd adaryddiaeth. Mae'n rhoddi lloches a larder i heidiau dirifedi o adar sy'n mynd a dod yma drwy'r tymhorau. Ar adegau arbennig yn y flwyddyn, un o ffenomenau ardal y Glannau yw cael edrych ar yr heidiau yma'n troi a throsi fel pe baent ynghlwm wrth lastig cudd yn cael ei dynnu ffordd hyn ffordd draw gan ryw bypedwr cyfrin. Mae'r golygfeydd yma'n digwydd ar ben llanw pan ddaw'r môr i fyny'r afon gan hel aelodau teulu'r rhydyddion am y tir a'r twyni.

Ni allaf adael byd adar y Glannau heb sôn fod yn libart y stribed hwn o gynefin aderyn arbennig iawn, sy'n cael ei warchod yn glòs oherwydd nad oes cymaint o fridfeydd â hynny iddo yng Nghymru. Cyfeirio'r wyf at y forwennol fach (*little tern*). Daw yma bob gwanwyn i feifod y cerrig mân yng Ngronant. Mae'n dodwy ei dau neu dri ŵy ar ryw grafiad o nyth, wyau sydd mor gywrain eu patrwm fel eu bod yn unlliw â'r traeth lle y'u gesyd. Gwelwch felly reidrwydd y seintwar — buasai traed y torheulwyr wedi eu sathru'n rhacs er protestiadau gwichlyd y morwenoliaid bach del!

Gallem sôn yn hir am adar eraill diddorol yn yr ardal fel y teloriaid, corehedyddion y waun, crec cerrig, a beth am y pibydd coesgoch — "cŵn gwarchod" yr aber, yn sicr. Mae yma gïach, cornchwiglod ac ehedyddion rhwng y twyni a'r tir. Gellwch weld bras yr hesg ac weithiau siglen felen — aderyn eithaf prin — a chyfnither i'r siglen fraith a'r siglen lwyd gyffredin. Ni ellir symud heb gwmni cwmwl o wylanod ac yn eu mysg, o graffu, gellir cyfrif rhai cefnddu mawr, a bach, gwylanod penwaig ac oherwydd agosrwydd eu bridfa yn Llyn Helyg bydd y gwylanod penddu — *Larus rudibundus* yw'r enw

Lladin arnynt — a *rudibundus* o sŵn maen nhw'n ei wneud hefyd!

Sylweddolaf nad wyf wedi sôn affliw o ddim am adar prae. Ar y glannau gellir gweld detholiad o dylluanod ac yn sicr gudylliaid, ac o gael tipyn o lwc ac amynedd i aros — yn enwedig yn y gaeaf — gwelir yr hebog tramor bendigedig a'r gwalch bach, prin.

Beth am flodau'r Glannau? Gallwn sôn yn hir am y degau o wahanol fathau a geir yma, a'u lleoliad mewn perthynas â'r dŵr hallt, y traeth a'r mwd. Bodlonaf ar gyfeirio'n fyr yma at un ffenomen ac un olygfa. Y ffenomen yn gyntaf.

Mae'r aber rhwng Cilgwri a'r Glannau wedi culhau'n arw o fewn cof rhai o hen bysgotwyr a llongwyr yr ardal. Y rheswm am hynny yw fod gweiryn o'r enw *Spartina* wedi cael gafael yn y mwd a'r llaca ac wedi hoffi ei le! Fel y mae'n ymgartrefu ac yn ffurfio carped mae'n sefydlu'r gronynnau mwd â'r lli a'r llanw, a hwnnw yn ei dro yn culhau sianelau Afon Dyfrdwy. Croesiad rhwng *Spartina maritima* — gweiryn brodorol — a *Spartina alternifolia* — gweiryn Americanaidd — a ymsefydlodd yn y dyfroedd o gwmpas Southampton ar ddechrau'r bedwaredd ganrif ar bymtheg ydyw. Fel pob *hybrid* nid oedd yn ffrwythlon ar y cychwyn, ond yna drwy ryw hap genetig dechreuodd epilio ac yna nid oedd dim paid ar ei dramp o aber i aber. Fe'i plannwyd ar lannau Dyfrdwy yng Nghei Connah ym 1928, ond ddaeth dim ohono yno nes iddo godi ei ben yn llythrennol ar y morfa o gwmpas y Parlwr Du! Mae'r gweiryn yn effeithio ar ecoleg y cynefin hwn, a hyd yn hyn mae pob ymdrech i'w reoli wedi methu.

Rwyf wedi cyfeirio at olygfa fythgofiadwy a gefais un dechrau haf. Yn y "slac" tu ôl i'r twyni tywod nid nepell o Oleudy Gronant yr oeddwn yn cerdded ar derfyn dydd. Suddai'r haul mawr yn goch i'r môr. Yna fe'u gwelais — cannoedd o degeirian (*orchids*) yn y braenar gwyllt! Ni fedrwn symud gan ryfeddod yr olygfa. Yn y libart roedd tegeirian byramidaidd (*pyramidal orchid*), tegeirian y cyrs (*marsh orchids spp.*), tegeirian y gwenyn (*bee orchid*) a thegeirian frech (*spotted orchid*). Dyna gyfoeth o'm blaen yn un gybolfa fawr, a

Mae'r rhaeadr ddŵr sydd yn Niserth yn atynfa i ymwelwyr. Gynt deuent mewn cert wedi ei dynnu gan geffylau bob cam o'r Rhyl neu Brestatyn. Bellach mewn ceir y daw ymwelwyr a chyn mynd heibio'r olygfa aros a chrwydro ychydig lathenni wrth y cwymp dŵr a theimlo'r mân drochion ar yr awel yn gwlychu eu wynebau. Fel wêl y llygatgraff drochwr neu ddau o gwmpas y fan efallai, ac yn sicr bydd wal uchel yr hen felin gerllaw yn destun chwilfrydedd.

(Llun: F. B. Hamilton)

chymhlethdod delicet eu bywydeg ynghlo yn y tir diffaith! Lle
da i fotanegwr yw cyffiniau'r Rhyl.

Rwyf wedi cyfeirio eisoes at yr wylan benddu yn crwydro o'i
threfedigaeth yn Llyn Helyg. Mae'n sicr mai dyma'r llyn
mwyaf yng nghyffiniau'r Rhyl. Ond o'n gleidar gwelwn fod
pyllau eraill fel emrallt ar gwilt y tir. Deg acer ar hugain yw
arwynebedd Llyn Helyg sydd wedi ei guddio'n sneclyd mewn
cylch o goed cymysg. Nid llyn naturiol mohono, ac er na
fuasai'r bonedd fu'n sglefrio arno yn yr oes o'r blaen yn ei
adnabod gan dreiglad blynyddoedd a datblygiad naturiol; mae
gwrthglawdd yn cadw ei ddyfroedd bas yn ôl gan adael i ryw
ffrwd ymuno ag afon arall i redeg am Ddiserth. Yno mae'n
disgyn rai llathenni dros raeadr hardd sy'n atynfa i lawer un.

Awn yn ôl i Lyn Helyg. Mae'n nodweddiadol o lyn eutroffig
gyda dilyniant diddorol o'i amgylch o blanhigion, gan gynnwys
mwsog misgwyn, *polytrichum* (sp.), hesg, helyg, gwern, talgoed
bedw, ynn a derw. Cyn yr Ail Ryfel Byd cedwid rheolaeth
ofalus ar y coed, ond erbyn hyn mae'r cnwd castanwydden bêr
wedi gordyfu ac mewn mannau ceir ei ffrwyth hi a mes neu fast
y ffawydd yn gymysg.

Yn y llyn ei hun ni cheir ond pysgod cras, er bod cofnod ar
gael i Stad Mostyn arbrofi unwaith trwy roddi brithyll ynddo.
Heddiw, penhwyaid (*pike*) gwrachen (*roach*), rhuddell (*rudd*),
llynbysg (*carp*), draenogiaid (*perch*), a thens (*tench*) a geir
ynddo. Oherwydd hyn mae'n atynfa i adar dŵr o bob math yn
ogystal â'r pysgotwyr lleol.

Y mathau o hwyaid gwylltion mwyaf cyffredin a geir arno yn
eu tymor yw'r falard (*mallard*), y gorhwyaden (*teal*), y wiwell
(*widgeon*), yr hwyaden gopog (*tufted*), y lydanbig (*shoveller*) a
hwyaden yr eithin (*sheld-duck*). Yn eu tro daw elyrch Bewick
(*Bewick swans*) ac elyrch y gogledd (*whooper swans*) i aeafu yma
hyd nes i'r rhew gloi'r llyn yn yr hirlwm. Yna rhwng y gaeaf
a'r gwanwyn pan fydd yr hin wedi lliniaru gellir cael parau a
phartïon o wyddau Canada arno, ac os bydd y naturiaethwr yn
gwardio'n ddistaw gellir gweld un o'r golygfeydd prydferthaf a
mwyaf rhyfeddol yn holl fyd adaryddiaeth, sef carwriaeth yr
wyach gopog (*great crested grebe*). Nid yw'r rhyfeddod yn pylu

drwy dymor y nythu a chyfnod magu'r ddeugyw. Mae'r ceiliog a'r iâr gyda'r clyfraf yn y busnes o nofio tanddwr i ddianc yn llechwraidd rhag perygl. Ac i feddwl bod yr aderyn hwn bron wedi darfod o'r tir rhyw hanner canrif a llai yn ôl oherwydd bod yna ffasiwn yn mynnu bod *grebe feathers* ar hetiau a dillad merched! Nid anghofiaf y dydd na'r awr yr ymwelodd gwalch y pysgod â'r lle un hydref chwaith. Er 1972 rwyf wedi recordio 110 o adar ar Lyn Helyg a'r coed o'i amgylch.

Mae'r gleidar yn dal thermal arall ac yn llithro'n esmwyth am wlad y ddwy afon, Clwyd ac Elwy, dwy afon hollol wahanol eu natur. Llithro'n llyfn igam-ogam drwy ardd y dyffryn a wna Afon Clwyd. Cwyd yn y bryniau Silwriaidd yn bell o'r ffin rhwng Clwyd a Gwynedd, ac wedi llifo'n dawel fe una â'i chwaer Elwy yn Rhyd-y-Ddeuddwr, cyn rowndio Castell Rhuddlan mewn hanner cylch a blasu'r llanw a ddaw i fyny'r Foryd rhwng torlenni llifwaddodol tywyll.

Cwyd Elwy hefyd ym mryniau Hiraethog ond mae hon yn fwy o Fartha o afon o lawer. Rhed yn gyflym o grych i bwll o Langernyw am Bont-y-Gwyddel, Pont-y-Ddôl ac am Lanelwy, gan dorri ei ffordd drwy gerrig shêl gleision ac ychwanegu at ei bwrlwm. Mae ei dyffryn yn gulach ac yn fwy coediog mewn rhannau gyda deri naturiol yn cynnig seintwar i deloriaid, gwybedog brith, y gnocell werdd a'r frith a thelor y cnau sy'n gallu cerdded i fyny ac i lawr boncyffion yn hela'i fwyd. Mae rhyw lygoden o aderyn hefyd i'w weld yn y coedwigoedd cymysg — y dringwr bach, ond ni fedr hwn gerdded i lawr y cyff!

Llifa Elwy heibio i ogofâu hynod Cefn Meiriadog. Yma ac mewn ogofâu eraill yn nhueddau'r ddwy afon cafodd archaeolegwyr hyd i esgyrn anifeiliaid a lochesai yng nghoedwigoedd y fro yn yr hen, hen amser pan oedd dyn cyntefig yn heliwr — yn gaeafu o gwmpas Gronant a'r cylch ac yn hela yn ei hafoty ar Hiraethog o gwmpas safle Llyn Brenig a Gwylfa Hiraethog yn yr haf. Ymysg yr esgyrn sychion adnabuwyd rhai'n perthyn i wahanol fathau o geirw, yr arth wyllt, baedd, llwynog, arth frown, llew y graig, udfil brych, mamoth a rheinosorys.

O'n safle aderyn gwelwn lednentydd eraill fel gwythiennau glas rhwng blew o wern yn ymuno â'r rhain, ac y mae enwau hyfryd iddynt megis Chwiler a Chlywedog sy'n llifo i Afon Clwyd, ac Aled o ucheldir Llansannan a'r cylch sy'n ymuno ag Afon Elwy ychydig yn uwch na Phont-y-Gwyddel — ac y mae rhwydwaith ddiddorol o gwmpas Llangernyw hefyd.

Brithyll brown yw'r pysgodyn cynhenid yn y dyfroedd perloyw yma, er bod ambell arbrawf yn digwydd yn ffrydiau'r ucheldir i fagu'r brithyll enfys tramorol. Ond pan ddaw'r haf ar sgawt i'n bro, mae cyffro yng nghelloedd y pysgotwr a gedy wraig a theulu i chwipio pyllau'r nos am siwin, neu wedi lli i droelli abwyd am eog. Dyma hufen pysgota pysgod gêm i rai, ac uchafbwynt a phwrpas eu bod yw *Salmo salar* a *Salmo trutta*. Teithiant i fyny Afon Clwyd ac Afon Elwy o aber Afon Dyfrdwy i blannu grifft yng ngro a gweryd y llednentydd. Bydd rhai yn ddigon ffodus a chryf i wneud y siwrnai am sawl tymor, a thranc fydd diwedd y gweddill wedi'r "claddu" yn y gro.

Tra teithia'r eog a'r siwin i fyny'r afon yn yr hydref ar nosweithiau tywyll Tachwedd, teithio i'r un perwyl yn ôl i'r môr mawr ac ar draws Iwerydd i lwtra Môr Sargasso a wna llyswennod y dyfroedd croyw. Gwyrth o daith mewn rhyfeddol fyd, yntê! Gwe gymhleth yw bywyd pob cynefin, ac yn y we mae "llais a lle" i bopeth. Er mai'r eog yw brenin y pysgod nid ef yw ceiliog pen y domen. Lawer nos ddi-stŵr rwyf wedi gweld dyfrgwn yn gambola yn y Pwll Du a Phwll y Defaid, a heb fod yn bell o Ryd-y-Ddeuddwr hyd yn oed! Gyda thoriad gwawr dengys ambell farc neu hicyn stondin eu gwledd, ac esgyll neu asgwrn cefn pysgodyn yn brawf o loddesta'r nos!

Mae adar y dŵr hefyd yn rhan o'r we. Nid oes raid aros yn hir ar unrhyw bont dros Glwyd nac Elwy cyn y gwelir bronwen y dŵr (*dipper*) yn gwich-hedeg yn gyflym, neu os ydych yn lwcus, ei gweld yn cerdded ar wely'r afon yn pigo pryfetach. Dyna'r crëyr glas wedyn. Stelciwr hirgoes amyneddgar llwyd yw hwn, a phan wêl ei brae, boed benbwl, brithyll neu lysywen, dartia'r bicell o big a'i drywanu! Yna hedfan yn araf drwm, a'i wddf fel tro neidr, am loches y coed ar gefnen i dreulio ei ginio.

Soniais am natur goediog bro y ddwy afon ac y mae clytiau o

goed bythwyrdd yn rhan o gwrlid y tir erbyn hyn. Nid oes unrhyw beth yn digwydd ym myd natur nad oes effaith iddo. Un o effeithiau pleserus cadwraeth a choedwigaeth yn yr ardal yw fod nifer yr adar prae wedi cynyddu. Gellir gweld y cudyll coch ar ochrau'r priffyrdd. Dartia'r gwalch glas dros wrychoedd lonydd y wlad ar ôl teulu'r titw a'r pincod, ond yr hyn a rydd wefr i mi bob amser yw mewian a gleidio urddasol, hamddenol y bwncath.

Dowch — trown drwyn ein gleidar at byrth y nef, neu am Fynydd Hiraethog a'i ddefaid, y grug a'r rhostir maith. Mae bywyd yn galetach yma, mwy o law, mwy o eira, mwy o erwinder bob blwyddyn. Mae ecoleg wedi addasu popeth byw i ffitio i'r amgylchedd. Dyma fro llus, grug, eithin, brwyn, rhedyn, mwsog, plu'r gweunydd, mawn a phytiau o goed sy'n dangos gogwydd y storm fel dwylo gwrach ym mhlyg y drain. Dyma ardal y bwncath eto, a rhyw berthynas pell iddo — y gwalch bach (*merlin*). Yn y rhos mae'r dylluan gorniog, ac os ydych yn ymyl Llynnoedd Aled neu Alwen neu Brenig enwog, mae cyfle gwych i wylio adar y dyfroedd uchel yn ogystal â'r ucheldir. "Go back, go back, go back" — na, nid bod yn anhrugarog nac anfoesgar yr wyf, ond ceisio swneirio galwad y grugiar. Dyma'r unig aderyn sy'n unigryw i ynysoedd Prydain; dywed ei henw gwyddonol — *Logopus scoticus* — hynny wrthym. Aderyn sy'n denu'r bonedd a'u gynnau ar 12 Awst yw hwn — y "Glorious 12th" chwedl y saethwyr. Nid rhyfedd ei bod yn galw "Go back, go back, go back". Mae perthynas arall iddi wedi dod yn fwy cyffredin o gwmpas coed bythwyrdd yr ucheldir hefyd, sef iâr ddu'r mynydd neu geiliog y mynydd (*black cock*). Diwedd gaeaf a dechrau gwanwyn yw'r adeg i chwilio am eu tiroedd caru neu *leck* fel y'u gelwir, pryd y bydd y ceiliogod yno'n dangos eu hunain ar y libart penodedig o flaen yr ieir a'u cynffonnau wedi eu lledaenu'n sbloet fel telyn gron!

Cyn troi i lanio'r gleidar ar Ffridd y Garreg Wen beth am gael un cip arall ar y Glannau? Y tro hwn awn dros ffin cyffiniau'r Steddfod i weld y traethau caregog a'r clogwyni. Dyma gynefin egr ac aruthr. O gwmpas y rhain ni all planhigyn tir ffynnu; mae gormod o heli yn yr awyr ac ar ewyn a gaiff ei chwythu fel trochion storm. Planhigion wedi eu haddasu i halen y weilgi sydd yma, a'r rhai hynny gan amlaf yn swat a byr. Sylwch fel y mae'r creigiau wedi cracio, a bowlderi, drwy effaith y tywydd, wedi powlio'n garnedd at draed y clogwyni serth. Mae rhai ohonynt yn dangos ôl trai a llanw a'u cylchfaoedd. Petaem yn treulio amser yma gwelem fod gwahanol wymon yn ffitio i wahanol stribedi o'r cylchdro, ac ar drai nid oes dim hyfrytach nag archwilio pyllau'r creigiau i hel a didol cregyn, pysgod ac anemoni.

Mae arbenigrwydd ym myd yr adar yma hefyd. Dau fath o fulfran — neu'r bilidowcar — yr un gyffredin a'r un werdd, neu'r *shag* yn Saesneg. Dacw hwy allan yn y bae snec a'u gyddfau fel periscôp o'r dŵr — i lawr â nhw am foliad o bysgod. Gwrandewch ar gri'r gwylanod. Dyma sŵn mawreddog. Glywch chi'r sŵn cras sy'n dod o'r "wylan" acw sy'n hedfan a fflapian ychydig, ac yna llithro a gleidio cystal â'n hawyren ffug ni? Na, nid gwylan, ond aderyn drycin y graig. Roedd y rhain yn brin iawn ar un cyfnod, ond erbyn hyn maent wedi ymgartrefu ar greigleoedd y môr o gwmpas Ynysoedd Prydain. Un o'r *petrals* ydi hi ac os sylwch yn graff mae'n deneuach ei chorff na'r wylan benwaig, a'r pen yn grwn. Pig byr fel gwn dau faril sydd ganddi, ac os ewch yn rhy agos i'w nyth, gall chwistrellu hylif ffiaidd a drewllyd ofnadwy o faril ei cheg i'w hamddiffyn ei hun. Mae'r aderyn hwn yn ei gynefin ar y cefnfor yn gleidio a chadw ei lygaid du yn agored am sgram o bysgod neu sbwriel y môr. Wyddoch chi mai ym 1945 y nythodd gyntaf yng Nghymru, a hynny ar Ben y Gogarth, Llandudno! Mae adarwyr yn hoff o "ysbio'r môr". Nid oes wybod pa aderyn a welir yno — un ai'n gaeafu, yn ymochel, yn nythu neu wedi ymgartrefu yn y libart.

Weithiau ar y traeth cerrig cawn aderyn-drycin Manaw, hugan, llurs, a gwylog neu wylog ddu wedi ei olchi i'r lan. Dro arall byddant yn ymwingo'n hanner marw wedi eu parlysu gan olew o ryw long fydd wedi gadael slic o'i chrombil yn ddifeddwl. Dyma berygl mawr y Glannau, yntê?

Yna mae llawer o bleser i'w gael wrth astudio'r rhydyddion — fel y Parlwr Du a'r morfa. Yn eu tro bydd piod môr smart yn cwafro'n dreiddgar wrth chwilio am gregyn, neu hedeg fel saeth heibio.

Adar sy'n gweddu i'w cynefin amryliw yw'r cwtiaid torchog, sy'n dodwy eu hwyau ar y tywod a'r mwd graeanog fel eu bod yn anodd iawn i'w gweld.

Ymwelydd yw cwtiad y traeth — erys dros y gaeaf — felly prin y gwelwn ef yn yr haf, ond os digwydd i rywun chwilio'r creigiau o gwmpas y penrhynau yn yr hydref a'r gaeaf, bydd yn sgawtio yn y pyllau ymysg y gwymon a'r broc môr.

Wrth droi trwyn y gleidar yn ôl am adref ac edrych ar y cwilt cyfoethog sy'n libart i'r Eisteddfod, sylweddolwn fod iddo'r rhan fwyaf o'r cynefinoedd a enwyd ar y cychwyn.

A'n plên rhwng daear werdd a glas y nen, meddyliaf am y rhyfeddodau na sylwasom arnynt. Beth am y gerddi a'r parciau a'u llu adar cyffredin ond diddorol? Beth am lawr gwlad a'r corsydd? "Beth yw'r cnwd a beth yw'r planhigyn?" ydi hi yma hefyd, ac wrth chwilio'r gweirgloddiau down ar draws colomen wyllt, ffesant, petris, ysguthan a'r dylluan wen efallai, ac weithiau oddi tanom ac weithiau uwch ein pen mae'r gwenol-iaid a'u teulu. Mae un ohonynt yn anad un sy'n destun edmygedd gennyf — y wennol ddu, nad yw'n wennol yn wir. Hen dai yw ei chynefin nythu ond ei helfen yw'r awyr las ble mae'n cysgu a chymharu!

Rydym bron adref rŵan — a'n gleidar yn dychryn ydfrain o hen freinfa; cecran a ffraeo fel rhyw giaridyms a wnânt. Cofiaf nad wyf wedi sôn am y brain a'u criw. Y gigfran ar Hiraethog ac uwch y weilgi, y frân dyddyn a'r cogfrain smart, a beth am y bioden sydd mor niferus, a'i chyfnither yn y coed yn ddirgel — sgrech y coed? Un frân sydd ar goll o'r teulu i gyd, ac mae honno ar arfbais Sir Clwyd — y frân goesgoch. Pam tybed?

Glania'r gleidar yn ergydiol. Edrychaf i fyny a gweld y llen asur uwchben. O bob rhyfeddod y mae eto un sy'n cyffwrdd bob cynefin o'n hardal. Fel hyn y disgrifiodd Williams Parry yr aderyn hwn:

> Dy alwad glywir hanner dydd
> Fel ffliwt hyfrydlais uwch y rhos

ac yna

Fel chwiban bugail a fo gudd
Dy alwad glywir hanner nos.

Mae'r gylfinir wedi hedfan ac ysbïo ar gilfachau rhyfeddol na
welsom ni ar ein gwibdaith. Gwêl y Gop yn Nhrelawnyd a'i
blodau prin. Aiff yn uchel dros Foel Hiraddug. Y sgwn i a wêl hi
Downing a Rhydwen — milltir sgwâr cartref Thomas Pennant
y naturiaethwr enwog a'i was o arlunydd, Moses Griffith? A
eilw yn Ffynnon Beuno ar ei ffordd i'r rhos o'i hendref ger y lli
— ble treuliodd Manley Hopkins ei amser yn myfyrio am
ryfeddodau y cudyll coch? A orffwys ar ei thaith ger Maes
Achwyfan ar y ffordd o'i bridfa ar Hiraethog yn ôl i sicrwydd yr
"hafan deg ar fin y don"?

Yr Actor yn Dod Adref

(Emlyn Williams yn Eisteddfod y Rhyl 1953)

Gwilym R. Tilsli

O rwymau'r ddinas dramor — tua'r Ŵyl
    Y troes fel hen frodor:
    O'i gontract daeth yr Actor
    I lonni myrdd ar lan môr.

Emlyn yng Ngŵyl ei famwlad, — a'i araith
    Yn eirias o gariad;
    Nid â'n angof ei brofiad,
    A seiniau'i lais yn ei wlad.

Do, daliodd Gwlad y Delyn — ar awen
    Garuaidd ei phlentyn;
    Amlach y daw i Emlyn
    Alwad i ŵyl wedi hyn.

Tuag Adref

Anerchiad y Llywydd yn Eisteddfod Genedlaethol y Rhyl
1953

Emlyn Williams

Plentyn o Sir y Fflint ydw i, plant o Sir y Fflint oedd fy rhieni;
a dyma fi heddiw, yn Sir y Fflint, i siarad yn gyhoeddus — am y
tro cyntaf — am Sir y Fflint a Chymru. "Paid byth," medde
Mam wrthyf un tro, "paid byth â sôn am dy hun o flaen pobol
ddiarth." Ond heddiw mae'n rhaid imi. Mi allwn siarad am
Lundain, am Efrog Newydd, am Hollywood — Coed y Celyn
— heb sôn gair amdanaf fy hun; ond mae Sir y Fflint a Chymru
yn rhan ohonof, felly heddiw mae'n rhaid imi sôn amdanaf fy
hun.

Nid dyma'r tro cyntaf, gyda llaw, imi ddod i'r Eisteddfod
Genedlaethol; roeddwn i yma'r tro diwethaf roedd hi yn Sir y
Fflint, yn yr Wyddgrug, ddeng mlynedd ar hugain i'r wythnos
hon. Dwy ar bymtheg oeddwn i, ar fy mhen fy hun, ac yn
eistedd yn eich plith drwy'r dydd: yn gwylio'r cloc â'm calon yn
curo, yn disgwyl, disgwyl . . . am y feirniadaeth ar "Ddrama
Newydd am Owain Glyndŵr". Heb ddweud gair wrth fy
nheulu, roeddwn wedi cyfansoddi un, a'i hanfon i mewn. Can
gini oedd y wobr, ac ar hyd yr oriau hynny o ddisgwyl —
meddyliais na fyddai terfyn ar araith y llywydd — gweithiais
allan i'r dim sut i wario'r arian. Gwelais fy hun y noson honno,
yn rhuthro i'r gegin-gefn â'r can gini yn fy nwrn, ac yn eu taflu
ar y bwrdd lle byddai Mam yn torri bara menyn. Daeth y
foment fawr. " 'Drama Newydd am Owain Glyndŵr' . . .
Atelir y wobr, oherwydd safon isel y cyfansoddiadau."

Nid dyma'r tro cynta' chwaith imi ddod i'r Rhyl. Rwy'n

cofio'r tro cynta'n dda, bore o haf, a minnau yn bump oed, yng Nglanrafon, Llanasa, a Mam yn torri bara menyn ar gyfer picnic; rywfodd neu'i gilydd, mae fy atgofion am Mam bron i gyd ohoni'n torri bara menyn. Neidiwn i fyny ac i lawr a gweiddi: "Rwy'n mynd i'r môr! Am y tro cyntaf yn fy mywyd, rwy'n mynd i'r RHYL!"

Ond er mai'r tro cyntaf ydoedd, roeddwn eisoes — a minnau'n bump oed — â darlun clir iawn yn fy meddwl o'r Rhyl hwn. Pan yn sefyll unwaith ar Dop-y-Rhiw, uwchben Ffynnongroyw, gyda 'Nhad, â llwyth o gwrw yn y trap — 'Nhad oedd yn cadw'r dafarn yng Nglanrafon — pwyntiais at wastadedd Caer (Cheshire), a gofynnais iddo beth oedd y lle a'r holl dywod yna, dros y dŵr. Atebodd yntau mai gwlad hollol wahanol i'n gwlad ni oedd hi, y trigolion ddim yn siarad Cymraeg, a'r tafarnau yn agored ar y Sul. Yna mi gofiais imi glywed unwaith, fod 'na ryw gymaint o dywod yn anialwch Sahara; a gofynnais i 'Nhad, "Affrica ydi'r lle 'na?" Chwarddodd yntau, a dywedodd mai dyna oedd o, ac y gallech weld — ar ddiwrnd clir — eliffantiaid yn cerdded i mewn ac allan o Parkgate. Ac am flwyddyn gyfan, credais mai dyna oedd y gwir; ac wrth holi cwestiynau ynghylch y Rhyl, Sir y Fflint, a chlywed bod llawer o ymwelwyr yn dod yno o du draw i'r dŵr, yr oedd y Rhyl imi — cyn imi ddod yma — yn dref o ddynion duon ar eu gwyliau, yn crwydro ar hyd y Promenade yn arwain eu camelod.

Ac yr *oedd* hi yn fore o haf. I basio'r amser nes ymadael, euthum gydag Ifor a John, y ddau hogyn arall yn y pentre', i ddringo'r coed ar hyd Ffordd Ddŵr, sy'n arwain allan o Glanrafon; ddwedais i ddim wrth Mam am hyn, gan 'mod i yn fy nhrwsus gorau ar gyfer y Rhyl. Yr oedd ein gêm bob amser 'run fath — i gymryd arnom fod y canghennau yn bontydd dros geunant arswydus o ddwfn. "Rwy'n mynd i syrthio hanner milltir!" . . . "Aros funud, achuba i di!" . . . Yna daeth y ceffyl a'r trap ymlaen, a dyna ni'n trotian i lawr, heibio i Gronant, i'r Mecca a elwid y Rhyl.

Chwiliais yn ofer am gamelod Saesneg "on their holidays"; ond fe welais y creaduriaid rhyfedd o du draw i'r dŵr, yn tynnu

eu sanau a mynd am dro yn y môr, ac yn siarad — wrth
gerdded — iaith ddigon diarth i blesio unrhyw blentyn bach
Cymraeg. Gwnes innau'r un peth â nhw, a cherdded yn y môr;
ac ar ôl ein picnic, daeth i fwrw glaw. Ie, glaw yn y Rhyl —
cofiwch, roedd hyn flynyddoedd yn ôl.

Yna, dreifiodd fy nhad ni i Ffynnongroyw, lle roedd pabell
fawr wedi ei chodi, a rhywbeth i'w gynnal ynddi a elwid yn
"livin' pictiars". A gwelais fy ffilm gyntaf — chwe ffilm fer, a
bod yn fanwl. Gwelais ddamwain ar y rheilffordd, corff yn cael
ei daflu o ben to, Delilah yn torri gwallt Samson, a King George
the Fifth yn ysgwyd llaw â rhyw fath o lysgennad o Chinaman;
feddyliais i ddim, am funud, mai Saesneg oedd y brenin yn
siarad, ar y ffilm — cymerais yn ganiataol ei fod yn dweud "Sut
yr ydach i?" mewn Cymraeg da, a bod y bonheddwr o China yn
ateb, mewn Cymraeg llawn gystal, "Dipyn o annwyd, a sut
mae'r teulu?" — a bod Delilah, wrth blygu uwchben Samson,
yn dweud wrtho, mewn Cymraeg, "Y 'nghariad i, rho imi
ddarn bach o'th wallt!"

Canys oni chlywais amdani ac am holl bobol eraill y Beibl,
bob Sul o'm bywyd, yng Nghapel y Groes, Llanasa? "Fy Nhad,
maddau iddynt, canys ni wyddant pa beth y maent yn ei
wneuthur." Sut fedrai hyn gael ei ddweud, ddwy fil o
flynyddoedd yn ôl, ond yn y geiriau Cymraeg syml a rhyfeddol
yna, o wefusau ein gweinidog, o'i bwlpud bach? Lawer lawer
tro, wrth glywed hanes Crist yn y capel hwnnw, syllwn allan
drwy'r ffenest at y llethrau gwyrddion; ac i mi, heb amheuaeth,
nhw oedd bryniau Palesteina. Galilea oedd Llannerch-y-Môr
ger Mostyn, Nasareth pentre cysglyd Chwitffordd, y bugeil-
iaid yn gwylio eu praidd, bechgyn fferm o Rhewl Fawr. A phan
o'r diwedd yr ymwelais â Phalesteina, cefais fod y wlad ei hun
yn debyg ryfeddol i Balesteina fy mhlentyndod, yn Sir y
Fflint. Wrth imi gerdded i Fethlem, disgynnodd y nos; a
chlywais o'r pellter, drwy'r awyr sanctaidd, ganu lleddf yr
Arabiaid. Caeais fy llygaid; plentyn oeddwn yng Nglanrafon,
yn eistedd i fyny y nos-cyn-Nadolig, ac yn clywed y coliars o'r
Point of Ayr, yng ngolau'r lloer, yn canu mewn ffordd na

chanodd unrhyw gôr i mi fyth er hynny, hyd yn oed mewn eisteddfod.

Yr ysgol gyntaf yr euthum iddi, oedd Talacre Convent, ac yno dechreuais ddysgu Saesneg. I ni'r Cymry, yn sicr, un o nodweddion hyfryta'r Sais, yw ei fod yn credu, o ddifri, fod yr iaith Gymraeg yn farbaraidd o anodd; rydan ni wedi ymgodymu â'i iaith o, a gallwn wenu, am ein bod yn gwybod yn well. Dysgais fod y geiriau *b-o-u-g-h*, *c-o-u-g-h*, *d-o-u-g-h*, ac *e-n-o-u-g-h* i'w hynganu'n hollol wahanol.

Wedyn, darfu inni symud i Drelogan, ac euthum innau i Ysgol Sir Treffynnon. Yno, daeth i'm dwylo ramadeg Lladin a gramadeg Ffrangeg: fe agorwyd imi fyd newydd. Newydd, ond nid rhyfedd — canys teimlwn yn gartrefol gyda'r ddwy. Sylweddolais i ddim, bryd hynny, pam; ond erbyn hyn, rwy'n gwybod. Teimlwn yn gartrefol gyda'r ddwy — fedra i ddim gorbwysleisio hyn — teimlwn yn gartrefol gyda Lladin a Ffrangeg. A'r rheswm? Roeddwn eisoes, fel plentyn bach bach, wedi tyfu i fyny yn dysgu ac yn siarad, yn hollol naturiol, *ddwy iaith*. Rhodd werthfawr, a rhad. Ac wrth ddod ar draws y ddwy iaith newydd yma, profais yr un cynnwrf â dyn sy'n cael ei daflu, am y tro cyntaf, i lyn dwfn, ac yn darganfod ei fod yn medru nofio!

A minnau'n ddeuddeg, symudodd fy nheulu bymtheg milltir. Dywedais hynna fel petai'n bum can milltir; ond — gofynnwch i rywun o Sir y Fflint sydd yma heddiw — yn Sir y Fflint mae pymtheg milltir yn bum cant, os byddwch yn symud tua'r dwyrain. O fryniau Trelogan yr aethom i wlad estron Connah's Quay; dim ond deng munud o gerdded, ar draws y bont, a dyna chi yn Cheshire: Connah's Quay, gyda'i Motion-Picture-Palace a'i Co-op Stores. Aeth fy mrawd bach, ac yntau heb air o Saesneg, i'r Fish-and-Chip-Shop, i 'mofyn gwerth ceiniog o'r danteithion rhyfedd hynny, a dod adre yn wylo am fod y bechgyn wedi chwerthin am ei ben — yn eitha caredig — a'i alw yn *Taffy*. Ac ar ôl i Mam sychu ei ddagrau, fe sylweddolais fel ergyd ein bod ni wedi symud ymhell o gartref.

Ond — a'r gair yma "ond" yw'r gair pwysicaf yn ein sgwrs heddiw — *ond* nid ergyd o boen oedd hi, nac ergyd o siom

Y dafarn ym mhentref yr Afon Goch ger Trelogan lle treuliodd Emlyn Williams ei blen-tyndod.

(Llun: F. B. Hamilton)

'chwaith, ond ergyd o bleser, ac o her. Gwyddwn fy mod yn wynebu byd dieithr, wedi fy arfogi gydag etifeddiaeth ddihafal gyfoethog. Gwyddwn mai o'r pridd Cymreig a sethrais gyda hyder plentyn — gwyddwn mai o'r pridd hwn, yr oedd rhyw-beth wedi mynd i mewn trwy wadnau fy 'sgidiau gwlad, ac i mewn i 'ngwaed i, rhywbeth nad oeddwn byth i'w golli. Yr ymwybyddiaeth o'n harbenigrwydd fel cenedl.

Profais yr ymwybod yma yn y momentau mawr, a hefyd yn y rhai bach. Ymhlith y rhai bach, roedd y tro hwnnw, yn Ffrainc, pan ddechreuais ddysgu Eidaleg. Roeddwn yn ymladd fy ffordd drwy ryw frawddeg, o flaen fy athro, Signor Arzani. "Mais un petit Anglais comme vous," meddai'n syn, "un petit Anglais comme vous, ou avez-vous appris votre accent italien?" ("Bachgen bach o Sais fel chi, ble 'dach chi wedi dysgu eich acen Eidalaidd?") "Je ne suis pas," atebais yn ddysgedig iawn, "je ne suis pas un petit Anglais, je suis un petit Gallois, du

121

Pays de Galles. Je suis de Wales." "Wales?" meddai'r bonheddwr, "qu'est-ce que c'est que ce Wales, une colonie anglaise?" "Non Monsieur," meddwn i, "le Wales, c'est un petit pays très special." Bron na ddywedais "extra special".

A'r momentau mawr, pan deimlais yr arbenigrwydd yma? Y pwysicaf — ac nid anghofiaf i hyn byth — y pwysicaf oedd pan sefais, fel efrydydd newydd, yng nghanol *quadrangle* anferth Christ Church, Rhydychen, yn gwylio'r efrydwyr newydd eraill. A chymysgedd oedden nhw hefyd — meibion arglwyddi, *scholarship-boys*, Rajahs o'r India. A dyma un o'r *scholarship-boys* — Sais, wrth gwrs — yn sibrwd wrthyf mai masnachwr oedd ei dad, a'i fod yn teimlo'n hollol anghyffyrddus yng nhanol yr holl grandrwydd yma: sylweddolais innau, er imi deimlo'n ddieithr a chyffrous, nad oeddwn yn anghyffyrddus o gwbwl — ac yr oedd fy nhad innau hefyd wedi bod yn masnachu, os gallwch alw cadw tŷ-tafarn yn fasnach. "O well," meddai'r llall, "it's all very well for you, you're a foreigner, you have your own background, your own language — what are you? You sound like a Belgian to me . . ." A meddyliais i mi fy hun: "Mae'r brawd 'ma'n iawn, mae gennyf gefndir, ac mae gennyf iaith!" Wrth imi gerdded ymhlith y dieithriaid hynny, mewn prifysgol fyd-enwog, teimlais unwaith drachefn, fy mod yn gadarn, hyderus, a — chyfoethog, wrth wynebu fy nyfodol yn y Theatr. Oherwydd roeddwn ar gychwyn i Lundain.

Ond mae deng mlynedd ar hugain wedi mynd heibio; rwyf wedi treulio mwy o flynyddoedd yn Llundain nag erioed yng Nghymru. Rwyf wedi crwydro pellteroedd byd, wedi gweld digon o'r dieithr, wedi cynefino â'r cyffrous. Ac fel mae'n digwydd inni i gyd, mae'r olwyn yn troi yn ei llawn-gylch; yn araf, ond yn sicr, rwy'n dod yn ôl i'r lle y cychwynnais. Yn ôl i'r aelwyd.

Yr haf diwethaf, pan oeddwn yn perfformio yn yr ardal, euthum am dro un diwrnod, ar fy mhen fy hun, ar hyd y meysydd uwchlaw fy mhentref, Glanrafon. Diwrnod perffaith fel o'r blaen. Eisteddais ar gamfa, yn bwyta brechdan; nid oedd enaid mewn golwg, dim sŵn o gwbl. Safai amser yn llonydd. I lawr yn y pentref, yr un afon; mwg yn modrwyo i fyny o'r un simneiau; ac yn pori'r cae, yr un ddau geffyl, mi dybiwn, yr un ddau geffyl Cymreig — a Chymraeg. Hanner canllath islaw, roedd y dafarn; gallwn weld ffenest fy llofft, a bron na chefais gip ar fy mam, yn dod allan i fwydo'r ieir.

Mae 'Nhad a Mam wedi marw, a disgwyliwn innau, ar y gamfa 'na, deimlo'n hen a thrist. Ond dim o'r fath beth; doedd dim wedi newid. Caeais fy llygaid, a theimlo'r hen sudd Cymreig yn mynd i mewn imi, yr etifeddiaeth a roes imi gryfder. Clywais leisiau o'r coed deiliog sy'n gwyro dros Ffordd Ddŵr; roedd 'na ddau hogyn bach yn dringo, ac yn galw ar ei gilydd. Yn galw — mi dybiwn i, beth bynnag — yn galw, "Rwy'n syrthio! Paid â thorri'r goeden!"

Meddyliais, does dim yn marw. Yr un hogiau yw'r rhain, Ifor a John a minnau. Ac ymhen deugain mlynedd, mi fyddan nhw, yr un bechgyn eto, yn galw ar ei gilydd yn yr un geiriau Cymraeg. "Le Wales, c'est un petit pays très special." (Mae Cymru yn wlad fach arbennig iawn.)

"O bydded i'r hen iaith barhau!"

Tref ar y Tywod

Philip Lloyd

Cynnyrch y ganrif ddiwethaf yw tref y Rhyl yn ei hanfod — ond nid dechrau'r ganrif honno, o bell ffordd. Does gan yr enwog Thomas Pennant, a deithiodd Gymru tua diwedd y ddeunawfed ganrif, ddim i'w ddweud am y lle yn ei *Tours*. Ac am Abergele, nid y Rhyl, y mae'r teithiwr Richard Fenton yn sôn wrth ddisgrifio "a small mean town" ar gyrion Morfa Rhuddlan ym 1808:

> Daeth yn fan ymdrochi yn y blynyddoedd diwethaf hyn o achos yr awch a gododd yn y Deyrnas yn gyffredinol i ymadael â chartref a phob cysur am dri mis yn yr Haf i ddioddef holl anhwylustodau llety llogedig . . .

Doedd tref y Rhyl ddim yn bod, felly, ar ddechrau'r ganrif ddiwethaf, er bod yr enw yn eitha' hynafol, yn ôl pob golwg. Mae sôn yng Nghyfrifon Gweinidogion Brenin Lloegr ym 1303 am ryw Iorwerth ap Grounou del *Hul*. Ceir mewn dogfennau ar hyd y canrifoedd ffurfiau fel "Hill", "hyll" a "Hil", sy'n awgrymu bod sail i'r dybiaeth mai'r fannod Gymraeg "yr" a'r gair Saesneg "hill" yw elfennau cysefin yr enw — sef bod "Yr Hill" wedi troi'n "Y Rhyl", gyda threigl amser. Beth bynnag, dyna gynnig y diweddar Ganon Ellis Davies yn ei lyfr *Flintshire Place Names*, ar sail tystiolaeth y ffurfiau amrywiol hyn.

Er bod damcaniaethu ynglŷn ag enwau lleoedd ar sail tebygrwydd yn arfer digon peryglus ar adegau, mae'r esboniad hwn yn gyson â hanes cythryblus y fro: bu'r rhan hon o Glwyd yn faes ymrafael rhwng Cymro a Sacson, Cymro a Norman, ac yna rhwng Cymro a Sais ar hyd y canrifoedd, gyda'r naill ochr a'r llall yn ei meddiannu yn ei thro. Does ryfedd, felly, fod enwau lleoedd eraill heb fod ymhell o'r Rhyl yn ein hatgoffa o'r ymrafael yma. Dyna ichi Brestatyn — enw digon Cymreigaidd ar yr olwg gyntaf; eto i gyd, pe bai'r dref hon yn Lloegr byddai'r enw gwreiddiol wedi troi'n "Preston" erbyn hyn, mae'n debyg, oherwydd rhywbeth fel "Preosta-tun" (sef *priest's town*) oedd y gwreiddiol, yn ôl Ellis Davies.

Os nad oedd y Rhyl yn bod fel cyrchfan glan môr ar ddechrau'r ganrif, bu rhyw gymaint o ddatblygiad yn ystod y chwarter canrif dilynol. Ym 1827 ymddangosodd hysbyseb yn y *Chester, Cheshire and North Wales Advertiser* am goets arbennig a redai o Gaer, drwy'r Wyddgrug, Rhuthun a Llanelwy, i westy yn y Rhyl nad oedd ond canllath o'r traeth. Dyna'r cofnod cyntaf am y Rhyl yn denu ymwelwyr haf, hyd y gwn i. Yn yr hysbyseb mae perchennog y gwesty hwnnw yn manteisio ar y cyfle i ddiolch i'w gwsmeriaid am eu cefnogaeth — "pendefigion, gwŷr bonheddig a'r cyhoedd". Nid pawb a feddai'r hawl ym 1827!

Roedd y Rhyl yn dref ar gynnydd yn ystod y tridegau. Ym 1835, er enghraifft, nododd Hemingwey yn ei *Panorama of the Beauties, Curiosities and Antiquities of North Wales* fod yno "ddau westy, nifer o dai-lletya ac amryw o fythynnod twt a ddefnyddid fel anneddfeydd haf gan gyfoethogion y cyffiniau"; sonia hefyd am y *machines* bondigrybwll a dynnid allan i'r môr gan geffylau fel y gallai deiliad swil a pharchus y frenhines ifanc newid i wisgoedd priodol ac ymdrochi gyda'r sicrwydd nad oedd neb yn sbïo arnyn nhw. Erbyn y pumdegau, fan bellaf, roedd rheolau pendant ynglŷn ag ymdrochi. Yr adeg honno roedd Mr G. Astle yn cynnig "first class bathing machines for ladies" ar hyd rhan orllewinol y Prom a'r un cyfleusterau i'r gwŷr "opposite the Misses Summers and Stevens' Baths, East Parade" . . . heb fod ymhell o gylch cerrig yr Orsedd heddiw.

Ym 1846, a phoblogaeth y Rhyl wedi pasio'r fil, y farn oedd y dylid gwella'r cyfleusterau. Felly, cynhaliwyd cyfarfod yn un o'r gwestai i ystyried "sut orau i wastatáu'r twyni tywod, atal drifft y tywod a chreu ffordd a phromenâd . . . er cynnydd boddhâd yr ymwelwyr." Agorwyd rhestr tanysgrifiadau a chasglwyd hanner y swm gofynnol (£1,000) yn y man a'r lle.

THE PROCESSION TO THE CASTLE.

Eisteddfod fawr Rhuddlan, 1850, a'r dyrfa'n gorymdeithio o Bengwern dros y bont i'r castell.

(Llun o rifyn Medi, 1850, o'r *London Illustrated News*)

Aed ati yn ystod y misoedd canlynol i gasglu'r £500 arall a chwblhau'r rhodfa fôr deilwng a welir heddiw. Yn ddiweddar-ach llenwyd y bylchau ar hyd ochr y rhodfa gan westai a thai-lletya newydd; parhaodd y dref i dyfu, nes cyrraedd poblogaeth o tua 1,500 ym 1851, a 3,000 ym 1861. O godi'ch golygon uwch-law'r bingo, y tsips a'r lladron unfraich hyd ochr y Prom heddiw, gellwch weld ambell arwydd o ffenestri bwaog y rhesi tai-lletya gwreiddiol a dychmygu'r mawredd a fu.

Tyfodd y dref weddill y ganrif nes dod yn gyrchfan gwirioneddol boblogaidd i'r bobl gyffredin (yn Gymry a Saeson) yn ogystal â'r cyfoethogion a welid yn rhodianna'n hamddenol ar hyd y Prom. Ym 1867 agorwyd y Pier; ymestyn-nai am yn agos i 800 llath allan i'r môr, gyda glanfa longau yn un pen iddo ac (ym 1891) bafiliwn gyda 2,000 o seddau ac organ fawr y pen arall. Tua throad y ganrif ceid adloniant i ymwelwyr ar y traeth, ar hyd y Prom ac mewn sawl neuadd yn y dref. Mae'r adroddiad yn y papur lleol am Ŵyl Banc Awst, 1896, er enghraifft, yn rhestru "aquatic entertainments" (deifio, nofio, ayb.,) oddi ar y Pier; caneuon a sgetsys yn y Pafiliwn Bach ar y Pier; cyngherddau cerddorfaol yn y Prif Bafiliwn; parti *nigger minstrels* Mr Tom Wood yn eu stondin ar y traeth; comedïau a dramâu yn yr Operetta House; Band y Dref ar hyd y Prom; "Robinson Crusoe", "Dick Whittington" a "Trilby" yn Neuadd y Dref. Ond yn Theatr y Winter Gardens ym mhen gorllewinol y dref, cynigiai un cwmni teithiol y difyrrwch diweddaraf o Lundain, sef *animated photographs*.

Ffilmiau sinema oedd yr *animated photographs*. Doedd ond ychydig fisoedd wedi mynd heibio er y sioe ffilmiau gyntaf ym Mharis gan y Brodyr Lumiére, a dyma'r Rhyl yn cael profi'r diweddaraf mewn adloniant. Ond mae gan y dref gysylltiad nes byth â chyfnod arloesol byd y ffilm. Cyn pen blwyddyn roedd gŵr busnes lleol o'r enw Arthur Cheetham wedi dechrau dangos ffilmiau — o waith pobl eraill yn gyntaf — megis gorym-daith Jiwbili y Frenhines Fictoria (saith mis wedi'r digwydd!) Yna, yn gynnar ym 1898 dechreuodd wneud ei ffilmiau ei hun. Mae colofnau'r papurau lleol yn cofnodi amryw o deithiau (bu wrthi ledled y Gogledd, ac yn Lloegr); ond ymhlith y ffilmiau

Promenâd y Rhyl, tua 1860.

hynny o'i eiddo sy'n dal mewn bodolaeth y mae darn bach (llai na dau funud) yn dangos parti o *nigger minstrels* yn dawnsio ac yn cyflwyno sgets ddigri ar draeth y Rhyl yn haf 1899. Drwy gyfuniad o lwc, gofal caredigion a nawdd gan gyrff gwirfoddol a chyhoeddus, mae'r tamaid ffilm ar gael inni heddiw. Gallwn syllu, megis drwy ffenestr hud, ar E. H. Williams a'i "Merrie Men" yn difyrru'r dorf ar y traeth yn niwedd y ganrif ddiwethaf, bron fel pe baem ni yno — diolch i ŵr busnes amryddawn a ymgartrefodd yn ein gwlad.

Er nad yw'r Cymry Cymraeg yn y mwyafrif bellach, mae gan y Rhyl record deilwng parthed y traddodiad eisteddfodol a pharhad yr iaith. Cynhaliwyd yr Eisteddfod Genedlaethol yno un waith yn ystod y ganrif ddiwethaf, (ym 1888) a dwywaith wedyn — ym 1904 a 1953. Bu Prifwyl yr Urdd yno ym 1940 a 1974. Ond cofir y Rhyl gan garedigion y Gymraeg yn bennaf am mai yno y sefydlwyd yr ysgol *uwchradd* Gymraeg gyntaf — Ysgol Glan Clwyd, sydd bellach wedi hen ymgartrefu yn ei chartref newydd yn Llanelwy. Diolch i weledigaeth y diweddar Dr B. Haydn Williams, Cyfarwyddwr Addysg hen Sir y Fflint, ac ymgyrchu brwd Cymry Cymraeg y dref, agorodd yr ysgol ei drysau i lai na chant o ddisgyblion ar 9 Medi 1956. Profodd ei gwerth, ac erbyn heddiw mae'n un o sefydliadau addysgol pwysicaf y rhanbarth.

Tref gymharol ifanc yw'r Rhyl, a hanner ei hanes yn perthyn i'r ganrif hon. Daeth i'w hoed fel cyrchfan i ymwelwyr haf yn ystod ail hanner y ganrif ddiwethaf, ond mae ei chyfraniad gwerthfawrocaf i'r Gymraeg yn perthyn i'n hoes ni.

Haul trwy'r Gwydr Du

R. Tudur Jones

Yr oedd diffyg ar yr haul. Ni chofiaf y dyddiad bellach ond cofiaf y paratoi eiddgar ar ei gyfer. Yr oedd fy nhad wedi cymryd darn o wydr a mygu'r naill ochr iddo i'w dywyllu a thrwy hwnnw yr oeddwn i wylio'r diffyg. Ni adawodd y diffyg fawr o argraff ar fy nghof oherwydd yr unig beth yr wyf yn gwbl siŵr ohono yw fy mod wedi gweld yr haul. Yr oedd yr huddygl ar y gwydr yn rhy drwchus imi weld unrhyw fanylion. Llawer mwy byw yn fy nghof yw fod pobl yn chwerthin am fy mhen oherwydd bod fy wyneb yn drybola o ddüwch oddi wrth y gwydr.

Wrth geisio atgynhyrchu awyrgylch y Rhyl yn ystod fy mhlentyndod, fe'm caf fy hun fel yr oeddwn yn blentyn bach yn edrych ar ddigwyddiadau trawiadol megis trwy wydr tywyll. Gallaf warantu fod yr haul wedi tywynnu ond nid wyf yn siŵr o'r manylion bellach. Ac yr wyf yn berffaith siŵr fod ar y mwyaf o huddygl ar fy wyneb o ganlyniad i'r hen ddigwyddiadau hynny.

Hyd haf 1926, yr oedd ein cartref ar aber afon Clwyd, yn union y tu cefn i gei'r Foryd, a'r afon felly rhyngom ni a'r Rhyl. Twyni tywod oedd Bae Cinmel heb dŷ rhyngom a Phen-sarn. Maes chwarae i ni a'r cwningod ydoedd ond ym misoedd yr haf pan ddeuai'r *Boys' Brigade* yno i wersylla. Nid oedd cei'r Foryd yn un o borthladdoedd mawr y byd ond erys yn un o borthladd-oedd mawr fy nychymyg. Deuai llongau yno o bellafoedd daear, llongau ac enwau fel *Riga* ac *Antwerp* ar eu starn. A phan fyddent yn dadlwytho, llenwid y cei ag aroglau coed newydd eu torri. Llongau mawr oedd y rheini ym 1926 ond erbyn 1984 aethant yn llongau bychain iawn, byth er pan sylweddolais mai llongau chwe chan tunnell, fwy neu lai, oeddent. Bu chwarae ar gei'r Foryd a stelcian o gwmpas y llongwyr estron yn foddion i dywallt heli i'm gwaed. Bob tro y darllenaf am Hong Kong a Marseilles, fe'm caf fy hunan yn ôl yn hogyn bach yn ei siersi las ar gei'r Foryd, yn barod i hwylio.

Yr oedd fy nhad yn arddwr ymroddedig. Yr oedd rheilffordd fach yn rhedeg o gei'r Foryd yn gyfochrog â'r afon, yna o dan y lein fawr o'r Rhyl i Abergele, ac yn ymuno â lein Dinbych ychydig lathenni y tu hwnt i'r bocs signals. Yr oedd yr ardd ar y dde i lein y Foryd wrth ichwi wynebu tuag at Ruddlan. Taith hirfaith imi'n bedair oed oedd y daith o Foryd Lodge i'r ardd. Camai fy nhad yn osgeiddig o slipar i slipar a minnau'n mingamu'n herciog wrth ei gwt. Fy mhrif orchwyl yn yr ardd oedd gwylio'r trenau'n pasio a dysgu gwahaniaethu rhwng injian Deeley *three-cylinder compound* a Stanier Pacific a'r gweddill ohonynt. Nid oedd cwt 'mochel yn yr ardd ond yr oedd fy nhad wedi cloddio twll helaeth ("tebyg i'r rhai oedd gynnon ni yn Ffrainc yn y rhyfel," medda fo), gyda darnau o haearn tonnog drosto a thyweirch yn eu dal yn eu lle. Yr oedd yn gyfyng ond yn glyd. Pan fyddwn wedi syrffedu neu pan ddeuai cawod, cawn fynd i'r twll ac eistedd yno ar bwced wedi'i throi â'i hwyneb yn isaf.

Hen glai trwm oedd deunydd yr ardd ac ar ôl rhyw hanner awr o balu deuai fy nhad i'r twll hefyd i gael hoe. Gwyliwn y chwys yn rhedeg bob yn ddiferyn i lawr ei arleisiau ac yntau'n ei sychu â chadach poced coch a smotiau gwyn arno, gan wthio'i gap stabal yn ôl ar ei wegil er mwyn sychu ei dalcen. Wedyn tynnu ei getyn o'i boced a thwist o faco siag o'i boced arall, sythu ei goes dde er mwyn i'w law lithro i boced ei drowsus i estyn ei gyllell boced a'i hagor â gewin ei fawd dde. Y cam nesaf oedd dal y twist rhwng bys a bawd ei law chwith a'i naddu fel bod yr ysglodion yn disgyn yn ddethau i gledr y llaw oedd yn dal y twist. Cau'r gyllell wedyn a rhwbio'r baco rhwng cledrau ei ddwy law cyn ei stwffio i'w getyn. Bellach yr oedd yn bryd estyn y *Swan Vestas*, tanio'r fatsen a'i dal rhwng bys a bawd ei law dde, gan wneud cwpan â'i law tros badell ei getyn a thynnu nes bod dau ôl-bawd-Mair, yn y naill foch a'r llall. A dyna fwg erchyll oedd yn llenwi ein cell danddaearol! Dyna pryd y byddwn i'n dewis mynd allan am dro.

Gwyliais y ddefod hon ganwaith ac y mae arogl baco fy nhad yn gymaint rhan o'r Rhyl i mi ag ydyw cloc Neuadd y Dref.

Garddio cwbl ymarferol oedd garddio fy nhad. Ni thyfodd na rhosyn a chrysanthemum erioed. Pys, ffa codau a ffa Ffrengig, maip, bitrwt, cabaits, letys, nionod, ac yn bwysicach na'r cwbl, tatws — dyna ei bethau o. Ond y cynnyrch oedd yn peri iddo sythu ei gefn mewn balchder oedd ei gyrryns duon a'i riwbob. Ni bu hafal iddo am dyfu'r rhain. Yr wyf yn cydnabod hynny er imi dreulio oesoedd yn fy mhlyg yn hel y cyrryns duon wedi iddynt aeddfedu. Amcan y garddio llafurus oedd arlwyo bwrdd bwyd y gegin. Tua £2.50 oedd ei gyflog fel giard ar lein yr L.M.S. ac nid oedd cyflog felly'n caniatáu moethusrwydd, yn enwedig wedi i'm rhieni benderfynu prynu eu tŷ eu hunain a hwnnw'n horwth o dŷ mawr, addas i gadw fisitors. Byw'n blaen oedd hi, felly, byw'n syml, byw o fewn lled gewin i dlodi — dyna oedd y drefn. Heddiw byddem yn cael ein cyfrif yn deulu tlawd. Ond mae ystyr y gair "tlawd" wedi newid. Bod heb foethau yw bod yn dlawd i filiynau heddiw; bod heb angenrheidiau oedd bod yn dlawd ym 1926. Ac ni fuom ni erioed heb yr angenrheidiau. Yr ofn mwyaf oedd ofn bod yn sâl. Yr oedd Mam yn nyrs hyfforddedig, ac yn un bur fedrus yn ei meistrolaeth ar bob agwedd o'r gwaith oherwydd bu am gyfnod yn bennaeth ysbyty yng Nghanada. Felly, nid oedd angen anfon am feddyg nes iddi fynd yn ben set. Ac ni welsom salwch o unrhyw bwys nes i Mam glafychu a marw o dan gyllell llawfeddyg yn bedair a deugain oed. Wedyn yr aeth byw'n beth gwirioneddol fain. Ond nid oeddem yn wahanol yn ein pryder i gannoedd o deuluoedd cyffelyb inni o'n cwmpas. A barnu oddi wrth y lluniau ohonom sydd wedi goroesi, golwg digon siabi oedd arnom i gyd.

Yn yr ysgol y sylweddolais pa mor agos atom oedd tlodi. Dyna Sami druan, yn dod i'r ysgol yn droednoeth a'i din trwy'i drowsus ac oglau chwys mawr arno. Nid oedd ond croen am asgwrn ac ym mherfeddion y gaeaf byddai rhyw wawr las ar ei groen. Ac nid Sami oedd yr unig un oherwydd byddai Mr Pritchard, y prifathro, yn gwneud apêl o bryd i'w gilydd am i'r plant yr oedd ganddynt ddillad ac esgidiau i'w sbario ddod â hwy i'r ysgol ar gyfer y plant tlotach. Pan awn â'r neges adref, chwerthin fyddai adwaith Mam a dweud, "Yr ydan ni'n gwisgo ein carpiau, nid eu rhannu nhw." Ac yn ôl pob golwg dyna a ddywedai mwyafrif y mamau eraill gan mai helfa dila a gâi Mr Pritchard. Ond câi ddigon, serch hynny, i sicrhau fod gan Sami esgidiau a throwsus i guddio glesni ei groen.

Wedi symud o'r Foryd i Princes Street, bu'n rhaid cyfnewid glannau'r môr a'r twyni tywod am y palmentydd. Dyna ein maes chwarae bellach — heb anghofio'r llwybrau culion oedd yn rhedeg y tu cefn i'r rhesi tai. Canolbwynt ein cynulliad wedi iddi dywyllu oedd y lamp stryd yn union o flaen tŷ ni. Nwy oedd yn ei goleuo a deuai dyn o gwmpas ar gefn ei feic fel yr oedd yn nosi i gynnau'r fflam. Dim ond ichwi roi eich clust wrth haearn oer y lamp, fe glywech ru'r nwy ar ei ffordd o'r gaswyrcs i'r fflam. Safai'r lamp â dwy fraich ar led, breichiau wedi eu gosod gan gyngor meddylgar er mwyn i hogiau bach hongian wrthynt i geisio diffodd y lamp. Chwarae cuddio, neu gowbois ac Indiaid, oedd y prif ddifyrion, a libart y Capel Presbyteraidd Saesneg ar gornel y stryd yn lle rhagorol gan ei fod bron gymaint â Texas i gowboi saith oed. Rasys cychod oedd un chwarae difyr iawn ar dywydd gwlyb. Dim ond plant a fagwyd mewn tref cyn dyfod rhyw ffal-di-rals fel teledu a chyfrifiaduron a threnau bach trydan a ŵyr ramant chwarae mewn gwterydd. Pan oedd hi'n bwrw o ddifrif, deuai'r ffrwd ar hyd y gwter wrth ymyl y palmant ac ymarllwys yn swnllyd i'r sinc oedd yn union o dan y lamp o flaen tŷ ni. Nid oedd y ffrwd heb ei phrydferthwch oherwydd fel yr oedd ceir yn lluosogi, golchid olion olew oddi ar y ffordd a deuent yn ynysoedd

133

amryliw, gwyrdd a glas a melyn, ar wyneb y dŵr. Nid oedd angen ond deilen neu bric bach gan bob un ohonom a dyna regata bob cam o dŷ Nain Morris i'r sinc. Yr unig ddrwg oedd fod bod yn eich cwrcwd uwchben y ffrwd yn rhoi cyfle i'r glaw redeg i lawr eich gwegil ac ar hyd eich asgwrn cefn nes byddai eich crys isaf (os oedd gennych un) fel cadach llestri. A golygai hynny bregeth gan Mam cyn mynd i'r gwely.

Mae'r sawl a fagwyd yn Gymro Cymraeg yn y Rhyl rhwng 1920 a 1940 yn perthyn i ddau fyd. Yr oedd plant bach di-Gymraeg yn perthyn i un byd yn unig a'r byd Saesneg oedd hwnnw. Prin eu bod yn sylweddoli fod byd arall i'w gael. Y 'goriad i'r byd arall hwnnw oedd y Gymraeg. Ni chlywais fy rhieni erioed yn yngan gair am werth y Gymraeg nac am bwysigrwydd ei gwarchod. Y peth a wnaethant oedd magu eu plant yn Gymry uniaith. Nid oedd gair o Saesneg ar yr aelwyd ac nid oedd na radio na theledu i halogi'r awyrgylch. Ar ben hynny yr oedd ein cysylltiadau cymdeithasol yn cadarnhau ein Cymreictod. Hyd yn oed mewn tref gymharol fechan fel y Rhyl, nid oedd byw y drws nesaf i bobl yn eu gwneud yn gymdogion. Er inni fyw am flynyddoedd y drws nesaf i Mr Kenward a'i deulu, a'u cyfarch yn gwrtais ddigon yn feunyddiol, ni fûm erioed yn eu tŷ ac ni wn ddim oll amdanynt. Ond yr oedd Anti Mabel, er ei bod yn byw bedair stryd i ffwrdd, yn ddigon o gymydog inni ei chyfarch fel petai'n berthynas trwy waed a byddem yn ei thŷ pryd fynnid. Cymreictod oedd yn creu cymdogaeth i ni, nid byw'n agos at bobl.

Un byd oedd byd y Plaza, y Queen's Theatre, y Pafiliwn, y Marine Lake. Y byd arall oedd byd y capel, y Cymrodorion a'r Urdd. Nid oedd y ffin rhyngddynt yn llen haearn chwaith. Er mai Seisnig oedd naws y cae pêl-droed, y siopau mawr a'r pwll nofio, ceid y Cymry'n amlwg ynddynt. Ond trafnidiaeth un cyfeiriad oedd hi, serch hynny. Gallai'r Cymro ymweld â'r byd Seisnig ond nid ymwelai'r di-Gymraeg â'n byd caeëdig ni.

Yr oedd mynd i ysgol elfennol Christ Church am y tro cyntaf erioed fel mynd i ysgol yn Mosco neu Tokio. Ni wyddwn air o Saesneg. Ofer imi geisio gwneud merthyr bach ohonof fy hun a galaru uwch ben y graith a adawodd hynny ar fy meddwl. Y gwir yw na chofiaf ddim byd am y dyddiau cynnar hynny. Ond gallaf ddweud yn ddibetrus na chofiaf imi glywed gair o Gymraeg na dysgu dim byd am Gymru yn yr ysgol honno. Felly cefais addysg ragorol mewn bod yn Sais — ac yn Sais imperialaidd hefyd — ac nid ar ysgol Christ Church yr oedd y bai mai disgybl gwael oeddwn.

Dyna Ddydd y Cadoediad, er enghraifft — Tachwedd 11eg — diwrnod coffáu diwedd y rhyfel ym 1918. Byddai'r seremoni ar y prom, o flaen y gofeb gydag enwau'r bechgyn o'r dref a laddwyd yn y rhyfel ar ei godrau a cherflun milwr yn lifrai'r *Royal Welch Fusiliers* ar ei ben, yn dal ei wn a'i big tuag i lawr. Cael ein tywys yn un llyngyren hir o'r ysgol at y gofeb lle'r oedd pwysigion y dref, ein band arian — y Rhyl Silver Band — a hen filwyr gyda medalau'n rhesi ar eu bronnau, yn ein haros. Synnwn weld gweinidog yn gwisgo rhywbeth tebyg i goban yn darllen gweddïau o lyfr — yr oedd person eglwys yn greadur diarth iawn i mi. Ac yna disgwyl nes bod y gwn yn tanio i ddechrau'r dau funud distaw. A dyna ddau funud diorffen oedd y rheini. Wedyn y gwn yn tanio eilwaith a ninnau'n cael ymlacio cyn canu "God save the King". Ambell dro byddai'r ddefod yn yr ysgol a'r tro hwnnw byddem yn canu "Recessional" Kipling ar ôl bod yn ei hymarfer ers dyddiau. Er bod fy nhad wedi gweld dwy flynedd yn ffosydd Ffrainc, nid oes cof gennyf iddo fynd i gymaint ag un o'r seremonïau hyn. Ac ni fynnai glywed sôn amdanynt. A chafodd hynny fwy o argraff arnaf na dim a ddywedodd Mr Pritchard yn yr ysgol. Yr oedd galluoedd cryfion ar waith i'm brechu yn erbyn atyniadau'r byd Seisnig yr aethpwyd i'r fath drafferth a chost i'm paratoi i'w wasanaethu.

Dwy gaer Cymreictod oedd y cartref a'r capel. A ffordd arall o ddweud yr un peth yw fod ystyr a gwefr bywyd wedi eu trosglwyddo imi trwy gyfrwng y Gymraeg. Er fy mod fel miloedd o

Gymry Cymraeg eraill yn gorfod byw mewn dau fyd, dim ond un ohonynt oedd yn fyd y teimlwn fy mod yn perthyn iddo. Byd i estroniaid oedd y llall, byd i ymweld ag ef yn achlysurol o'm rhan i ond byd i'w adael a dychwelyd i'm cynefin.

Yr oedd yr asiad rhwng cartref a chapel yn un clòs iawn. Ni ddechreuodd fy nhad ei ddiwrnod gwaith — hyd yn oed pan weithiai'r trên bedwar yn y bore — heb ddarllen ei Feibl a chyfarch gorsedd gras ac ni noswyliodd erioed heb wneud yr un peth. Anrhydedd mawr yn ei olwg oedd cael cymryd rhan yn y cyfarfod gweddi yng Ngharmel ac yr oedd ei weddïau'n batrwm o ddefosiwn dwfn ac o Gymraeg rhywiog ac urddasol. Ac wedi'r oedfa ar nos Sul — ac ni chollodd oedfa erioed — ei arfer oedd ein dysgu i ganu emynau ac yntau'n ein harwain gyda'i lais tenor melodaidd.

Yr oedd y capeli Cymraeg fel gwregys o gwmpas ein bywyd. Peth cyfarwydd ddigon oedd treiglo o gapel i gapel ar adegau gosodedig. Dyna'r Ŵyl Ddiolchgarwch flynyddol yn enghraifft gystal â'r un. Dechreuai'r diwrnod gydag oedfa saith y bore, yng Ngharmel a Chapel y Bedyddwyr ar yn ail flwyddyn. Yr oedd Capel y Bedyddwyr (yn addas iawn) yn Water Street. Y gweinidog oedd Dan Jones, enwog am ei ergydion carlamus o'i bulpud. Meddai mewn un bregeth, "Dwn i ddim beth oedd ar ben y Brenin Dafydd yn mynd i'r fath eithafion ar ôl gweld Bathseba'n ymdrochi. Tase fo'n dod ar ei wyliau i'r Rhyl 'ma ym mis Awst gwelai ddigon i'w yrru'n glir o'i go." Yn ei gapel ef, felly, yn y bore bach gyda'i lampau nwy'n arogldarthu'n ddrewllyd y diolchem am gynnyrch meysydd Dyffryn Clwyd.

Nid oedd wybod lle byddai oedfa'r pnawn — Brunswick y Wesleyaid neu Warren Road y Methodistiaid. Ond yn ddi-feth yng Nghapel Clwyd Street, capel crandiaf y dref, y cynhelid oedfa'r nos. Edward Williams, y gweinidog, fyddai'n llywyddu a hynny gydag urddas mawr, teilwng o'i gapel. Byddai'r capel o dan ei sang a'r muriau'n ddiferol o chwys a niwlen dros y ffenestri. Ac wedi i'r pedwar gweddïwr gymryd rhan, deuai'r uchafbwynt, yr un un bob blwyddyn, canu "Duw mawr y rhyfeddodau maith" ar y dôn "Huddersfield" a'r baswyr yn cwafro'n orchestrol cyn i'r sopranos gymryd y baich oddi arnynt a'n dwyn i orfoledd y bariau olaf. Mae'n rhyfedd fod to Capel Clwyd Street wedi dal y fath straen!

Ond Carmel yr Annibynwyr oedd fy nghynefin i. Un gweinidog a fu yno trwy gyfnod fy mhlentyndod, sef Thomas Ogwen Griffith. Gŵr cydnerth, parod ei ymadrodd a dynwaredwr gyda'r peryclaf yn y wlad, ac yn pefrio bob amser o sirioldeb. Pregethai'n wresog a'i bwyslais efengylaidd cyfoethog yn peri iddo roi mynych hergwd i ddamcaniaethau ffansi rhyw feddylwyr a oedd yn boblogaidd ar y pryd ond nad oes neb bellach yn cofio eu henwau. Teyrnasai'n esmwyth gyda'i ddiaconiaid — John Rowlands, Rhydorddwy, a'i wyneb yn grwn fel afal a bob amser yn cyhoeddi heb damaid o bapur o'i flaen; Dafydd Parry'r glo, R. O. Roberts y Cofrestrydd; J. R. Jones, Stanley Park; Francis Jones dirion, a'r lleill, gan gynnwys William Rowlands sy'n aros yn fytholwyrdd, yn ddolen gyswllt â gorffennol sy'n prysur suddo i anghofrwydd. Ymestynnai gweithgareddau'r capel i ddyddiau'r wythnos, gyda'r cyfarfod plant, y cyfarfod gweddi a'r gymdeithas ddiwylliadol. Ac nid oedd achlysuron hapusach na'r sosial a gynhelid o bryd i'w gilydd. O gofio mai blynyddoedd y dirwasgiad a'r diweithdra mawr oedd y rheini, mae'n syndod meddwl y fath arlwy oedd yn cael ei baratoi ar gyfer y sosial. Ynteu ai ni oedd yn gorfod byw heb bethau fel bara brith, treiffl a chacen ffrwythau? Ni cheid yn ein plith fawrion nac enwogion; nid oedd neb ohonom uwch bawd sawdl. Nid oeddem ond criw digon disylw a wyddai fod un o byrth y nefoedd yn Queen Street.

Trowch i'r byd arall am funud. Yr hyn a gyfatebai yn hwnnw i sosial y capel oedd diwrnod y "Buffs". Bob blwyddyn byddai'r corff hwnnw'n rhoi te ac anrhegion i blant ysgolion y dref. Yna ar ôl gloddesta caem sioe am ddim yn y Queen's Theatre. Sioe ffilmiau oedd honno. Eisteddem yn y tywyllwch yn gwylio campau Rin-tin-tin, y ci gwyrthiol, a'r ffilm, wrth gwrs, yn un ddi-sain a rhywun yn atalnodi'r stori gyffrous trwy ganu'r piano fel fflamiau, a'r ffilm yn stopio bob hyn a hyn inni gael darllen darn o brint yn esbonio beth oedd yn digwydd. A dylwn ddweud mai enw llawn y "Buffs" oedd "Royal and Ancient Order of Buffaloes".

Yr oedd y Queen's Theatre ar y prom — ni chlywais neb erioed yn ei alw'n "promenade". Yr hyn oedd y Lôn Goed i Williams Parry, dyna oedd y prom i blant y Rhyl. Gwir nad oedd yno "lonydd gorffenedig" ond ceid yno ddigon o "flas y cynfyd", yn enwedig ar ddiwrnod brochus yn y gaeaf pan oedd y tonnau'n golchi drosto a'r gwynt yn chwipio'r ewyn i ffenestri'r gwestai. Mae dau brom yn y Rhyl — prom y gaeaf a phrom yr haf. Ein prom preifat ni oedd un y gaeaf. Gallech gerdded ei hyd heb gyfarfod fawr neb, ac y mae gwaith cerdded arno oherwydd y mae'n brom hir os dechreuwch wrth bont y Foryd a dal i gerdded nes cyrraedd Splash Point. Ond ar ddrycin digwyddodd droeon fod llong wedi'i chwythu i'r lan a gellid cael llwyfan gadarn ar dro felly i wylio'r criw yn cael eu hachub gan hogiau'r bywydfad a'r tonnau'n datod asennau'r llong druan.

Yn yr haf, prom yr estroniaid ydyw. Hwy sy'n llenwi'r cabanau ymochel, nhw sy'n lleibio'r hufen iâ, nhw sy'n eistedd i grasu yn y cadeiriau canfas, nhw sy'n torheulo ar y traeth. Gogoniant y prom oedd y pafiliwn. Ef a welid ar y cardiau lliw a anfonai'r ymwelwyr i'w perthnasau i ddweud eu bod yn cael amser da. Eisteddai fel *blancmange* carreg a thŵr melyn ar bob cornel iddo. Yr oedd ei chwalu — fel diberfeddu'r Marine Lake — yn ergyd i wareiddiad y Rhyl oherwydd yr un pryd chwalwyd llawer atgof am sioe a drama a syrcas, heb sôn am bantomeim ac eisteddfod yr Urdd.

Yr ymwelwyr haf — y fisitors — oedd ein cynhaeaf ni. Nid pobl yn dod yn y bore ac yn diflannu gyda'r nos oedd y rhain. Lletyent am bythefnos neu dair wythnos yn ein plith. Gwehyddion cotwm o Rochdale, glowyr o Sheffield, gwneuthurwyr moto-beics o Birmingham a gweithwyr ffatrïoedd Warrington oeddent. Prin bod cartref yn ein stryd ni nad oedd yn cadw fisitors yn yr haf. Pan ddeuent, ciliai'r teulu i'r llofft leiaf atyniadol, yr atic fynychaf, i gysgu'r nos, er mwyn gwthio cymaint ag oedd yn bosibl o ymwelwyr i weddill y tŷ. A dyddiau'r trymwaith hyd yn oed i'r plant oedd y rheini gyda'r codi bore, y plicio tatws, y deor ffa, malu moron a gwneud mint sôs, ac yn bennaf dim, y golchi llestri diddiwedd. Cawsom brentisiaeth ragorol ar gyfer cadw gwesty. Ac yr oedd ein hymwelwyr yn cael gwely a'u bwyd i gyd am wythnos am ddwy bunt.

Yr oedd yn llacio gyda'r nos a dyna'r cyfle i lithro i'r prom i wylio sioe Wil Parkin. Llwyfan gyda dwy wal fel dwy adain o boptu iddi oedd theatr awyr-agored Parkin. Eisteddai'r ticed-wyr yng ngysgod y waliau a safai'r cyhoedd yn gylch y tu cefn iddynt. Hawdd y gallai plant bach wthio rhwng coesau'r sawl oedd yn sefyll a dianc yr un mor heini pan ddeuai'r casglyddion o gwmpas i hel yr arian. Wedi tyfu dipyn a blino ar jôcs a chaneuon Parkin a'i griw, daeth dyddiau mynd i'r Pafiliwn i wylio dramâu. Hyd y cofiaf yr oedd pawb yn y dramâu hynny'n cerdded i mewn ac allan o ffenestri a oedd yn agor a chau fel drysau ac yn gwisgo dillad tennis. Prin fod Wil Parkin a dramâu'r Pafiliwn wedi cyfrannu rhyw lawer at goethi chwaeth oherwydd yr oeddent yn magu gwendid am sioeau glan-môr, jôcs gwan a dramâu diweddglo hapus, nad yw treiglad y blynyddoedd yn gwneud dim i'w ddifa. Yr oedd y cwbl yn gymaint rhan o'n magwraeth â Dydd Diolchgarwch.

Yr oedd y ddeufyd yn agos iawn at ei gilydd.

Daeth diwedd ar ddyddiau ysgol Christ Church gydag argyfwng enbyd y *Scholarship*. Ymhen wythnosau wedi'r arholiad ymddangosai'r canlyniadau yn y *Rhyl Journal*. Diwrnod ofnadwy oedd hwnnw canys dyma'r prawf a oedd yn penderfynu pwy oedd i gael addysg uwchradd a phwy oedd i fynd i chwilio am waith. Y canlyniad yn fy achos i oedd cael mynd i'r ysgol uwchradd, y Rhyl County School, yr adeilad brics coch gyferbyn â'r Botanical Gardens.

Y prifathro oedd Thomas Iorwerth Ellis, gŵr eithriadol dal a dawn ganddo i godi ofn ar hogiau ysgol. Ac yr oedd digon o waith i'w ddawn y dyddiau hynny. Mae gennyf le mawr i ddiolch iddo oherwydd fe'm hachubodd o gyfwng pur ddigalon. Daeth yn amlwg yn ystod fy mlwyddyn gyntaf yn yr ysgol nad oedd gennyf glem ar drin rhifau. Yr oedd fy nghanlyniadau mewn geometreg ac algebra'n gywilydd i'r byd, er i'r athro, Clwyd Jones, wneud ei orau. Penderfynodd y prifathro y byddai'n llawer mwy buddiol imi ddysgu Groeg. Ac felly, yn dair ar ddeg oed, dechreuais ar yr iaith honno. Buan y sylweddolais fod yn llawer gwell gennyf forio gydag Ulysses ddewr tros y "tonnau lliw'r gwin" nag ymgodymu gyda sgwâr yr heipoteniws. Ac yn ddiweddarach yr oeddwn i ddarllen bron y cwbl o'r Testament Newydd mewn Groeg gyda T.I.

Yr oedd y County School yn ddifyrrach o dipyn na Christ Church am fod mwy o Gymraeg ynddi. Yn un peth yr oedd criw cryf ohonom yn Gymry — Edward Roberts, Dennis Savage, Sidney Jones, Norah Williams ac Iris Thomas ac eraill. Yr oedd ein Cymreictod yn bygwth mynd dros ben llestri ar dro, yn arbennig ar ôl llosgi'r Ysgol Fomio ym 1936. Cofiaf fod Emyr Humphreys a minnau wedi cael gair o gyngor gan y prifathro ar ôl inni ein dau fod yn dweud pethau a dybiai ef yn eithafol mewn dadl yn yr ysgol.

Yr oedd athrawon rhagorol ar y staff. Athro penigamp oedd Lewis Angell, yr athro Cymraeg. Gwyddai i'r dim sut i greu brwdfrydedd tros gynnwys *Y Flodeugerdd Gymraeg, Chwedleu Odo*, ac awdl "Y Gaeaf". Lawer tro yn ystod y blynyddoedd yr wyf wedi ysgrifennu brawddeg a gofyn i mi fy hunan, "A fyddai Mr Angell yn cymeradwyo brawddeg fel hon?" A phe tybiwn am eiliad na fyddai'n cymeradwyo, câi ei dileu ar unwaith. Athro manwl, uchel ei safonau oedd S. M. Houghton, yr athro hanes, a gŵr nad esgeulusodd hanes Cymru, er mai Sais ydoedd. Calfinydd brwd oedd Houghton a gynhaliai gyfarfodydd efengylaidd yn ei dŷ ac a ddosbarthai ddalennau crefyddol i hwn a'r llall. Bu Moses J. Jones uwch fy mhen hefyd, yn dysgu Economeg a'r Ysgrythur imi, bob yn ail â thrwytho Emyr a finnau yn egwyddorion cenedlaetholdeb, ond nid, hyd y cofiaf, yn y gwersi. Ac y mae'n dda gennyf ddweud am y tri hyn, er bod tros ddeugain mlynedd er pan adewais eu dosbarthiadau, eu bod yn dal yn heini. A hawdd y gellid adrodd mabinogi'r lleill hefyd, Miss Pinner a Miss Wilkinson, Stanley Jones a Silvan Evans, ond gadawaf lonydd iddynt.

Ym 1939 daeth y rhyfel. Yr oedd yn ddiwedd cyfnod. Er bod y Rhyl wedi newid llai na llawer tref, mae naws y blynyddoedd cyn y rhyfel wedi dianc. Pan oeddwn yn y dref ddiwethaf, ni allwn lai na'm gweld fy hunan yn hogyn bach wrth gwt fy nhad yn mynd, fel y byddem bob nos Sadwrn, o gwmpas y siopau. Yr oedd y rhan fwyaf o'r siopau'n agored tan naw y pryd hwnnw. Aem i'r farchnad, o dan gloc Neuadd y Dref, a syllu'n syn ar resi o wyddau a chywion ieir yn hongian a'u pennau i lawr. Mynd ymlaen i High Street. Aros wrth siop y gemydd i edrych ar y watsys a'r modrwyau o dan oleuni llachar a'r gwydr yn gynnes wrth ei gyffwrdd â blaen fy nhrwyn. Ymlaen i Woolworth a phopeth i'w gael yno am dair ceiniog neu chwecheiniog. Y peth rhyfedd wrth edrych yn ôl yw sylweddoli mai'r unig beth y byddai fy nhad yn ei brynu ar y daith fyddai chwarter o dda-da. Diben mynd o gylch y siopau oedd gweld y pethau na allem eu fforddio. Mae hynny ynddo'i hun yn awgrymu gymaint o huddygl a oedd ar y gwydr.

Ac eto, er yr huddygl, gwn imi weld yr haul.

Tomos Bartley yn mynd i'r Bingo yn y Rhyl

Einion Evans

Ger y dŵr yn rhyw griw del
daw Sabothwedd lads Bethel.
Trip chweugain i'r deugain dyn
i'r Rhyl o henfro Alun.
Miri Awst, a môr o hedd
i'r hogiau heb y gwragedd.

Wrth ei fodd — a gwyrth y fan —
i hwyl bro daw Wil Bryan.
Nesa'i weld Tomos a'i haid
yn agor syndod-lygaid
ar y Prom, a mwynhau'r pryd
yn noddfa eu newyddfyd.
Yn chwareus dechreua Wil
eu herian, gwena'n gynnil . . .

"Ar y trip 'wna hyn mo'r tro
heb ungêm yn y Bingo.
Dyrfa'r ŵyl cewch ddod ar frys
i floeddio'n orfoleddus
lle bydd hwyl, a llu heb ddig —
dienwaediad unedig.
Dowch chwithau atom, Tomos,
i wrando clecs ffrindiau clòs;
i fawl bwth sydd fel Bethel,
llawen ei sŵn, llawn o sêl.
Dowch i weld, iechyd i chwi

fai orig heb 'rhen Fari
sy'n niwsans a'i busnesa
gormodol, gordduwiol dda.
Wir ôth! Nid yw'r Nef yr un
yn y Rhyl â Bro Alun.
Pyla min y Capel Mawr
a'i Amenau am unawr.
Dihengwch rhag Deddf Dengair,
A chur ffydd, sleifiwch i'r ffair."

"O da iawn. 'Nawr amdani;
addo'n awr y rhoddwn ni
gam draw i'r Bingo am dro,
am unwaith, jyst am heno."

Troi o hwyl y torheulo
i hawlio braint prif "deml" bro.
Brysiant i Glwb yr Howsi
yn griwiau llon ger y lli.
Teg arlwy, mae tŷ gorlawn
yn aros dyn yr "eyes down".
Awr i bawb ŵyro ei ben,
dioffeiriad offeren.

Diymod epidemic
ydyw clwy'r "clicidi clic".
Yn ei fingo ar feingefn
hwyliog yw slaf "legs elev'n".

Maes o law caiff Tomos le
yn rhan ôl yr anaele.
I ŵr hen sy'n ŵr uniaith
anodd iawn yw'r newydd iaith.
Yn fwyniant gynt fe fynnai
hwyl y Saint nid "Kelly's Eye",
dwyn egwyl a Duw'n agor
ei dŷ heb "Key of the Door".

Ond toc y mae "Sweet Sixteen"
yn ddi-feth ar ei ddeufin,
a "Dinki Doo'n" codi hwyl
ar ddysgwr fu'n hir ddisgwyl.
Heb wyriad y mae'r *biro*
yn dwyn "House" i'w gerdyn o.
i'w draed y neidia ar hyn
yn arswydus orsydyn.
Gwyn fel sialc yw ei dalcen.
Dduw Mawr! Mae'n gweiddi "Amen".
"Wir Syr, I'm sorry, you see,
Oh, man, yes, I mean Howsi."

I'r golwg fe ddaw'r galwr.
Try o'i stand, distawa'r stŵr.
Brysia i lapio'i bresant
a rhoes ef fwced i'r sant.
Trodd hyn yn fwyniant i'r ddau,
mwyniant di-lyfr-emynau.

Ni cheir loetran ychwaneg
ar fin dŵr yr Hafan Deg.
Munudau'r promenadio
yn hir a gedwir ar go'.
Wedi bod yn y wlad bell
pa archwaeth fel bywyd porchell?
Mae'r hen *boys* mor wyn eu byd
yn werth chweil wrth ddychwelyd
yn griw braf; hen gewri bro
yn nydd eu di-sancteiddio.

Dyna sioc yw'r landio'n syn
yn realaeth Bro Alun.
Surni ddaw 'rôl siwrnai dda,
a loes hir 'rôl plesera.
Brin hedd oedd. Bydd Barbra'n ddig,
am oes rhaid diodda'i miwsig.

Beth ddywed Mari wedyn?
Wir-ionadd-i! Straen i ddyn.

Yn gynnar gwelaf Mari,
too late os na setla' i hi.
Ati af â'r bwced hwn
a'i ado i Fethel d'wedwn.
Mae'n rhwym o dderbyn mân rodd,
anrheg, rhyw gyn-gymynrodd;
rhyw fargen o Flwch Ennaint
nad oes ei well i Dŷ Saint.

"Tomos! . . . 'fuoch o bosib
Yn nhre'r Rhyl draw ar rhyw wib,
i'r fan wyllt, a llwyr fwynhau
rhyw wagedd gyda'r hogiau?'

"Rwy'n wir edifar Mari,
fe'm temtiwyd, fe'm denwyd i
yn wrda i'r bleserdaith.
Mari, do, bûm ar y daith. ·
Hynt go iawn i blant y gwyll;
I wŷr parchus, trip erchyll.
"Sunny Rhyl?" Yn sŵn yr ha'
Mawredd! mae fel Gomorra.
Bro frwd lle mae pawb ar frys
yn dyrrau pechadurus.
Trwy wylo y torheulais
yng nghilfach sothach y Sais;
wylo a hel meddyliau
am *home*, amdanom ni'n dau.
'Fan honno'n cofio'n annwyl
ein sêl at gapel a gŵyl.
"Hafan Deg Ar Fin y Don?"
Gwadaf. Mae'n Armagedon.
Gwelais ffwrnais uffernol;
da iawn wir yw bod yn ôl.

A rhaid, am fy ngwaredu
yw rhoi tâl yn awr i'r Tŷ.
Yn rhwydd falch fe roddaf i
i'n Duw Mawr fwced, Mari.
I saint sobr mae'n bresant swel,
yn neis foethus i Fethel."

"Eich sêl a welsom, Tomos.
Bydd. Bydd yn handi, heb os.
Ond mil gwell, bydd ef bellach
yn gweled y bwced bach.
Ac o barch, rhown heb gybôl
message i'r C'warfod Misol.
Y gwŷr brwd! Daw ger eu bron,
a'i fwynhad mewn cofnodion."

Morfa Rhuddlan

John Gruffydd Jones

Mae'r gwynt gylch Tan yr Ogo'n iasol oer,
Ac adlais hen ryfeloedd yn ei gri,
Y coch fel gwaed yn rhuddo ar y lloer,
A naws y perthyn yn fy nghalon i.
Clyw ddadwrdd traed yn teithio tros y ffridd
A sŵn cleddyfau gylch y castell talch,
Lle mwydodd gwaed yr aberth yn dy bridd,
Lle pydrodd amser y llumanau balch.

Ond 'run yw'r frwydr ar y Morfa llaith,
— Yr un hen weddill o'u cynefin gwâr
Yn mynnu eto sefyll dros eu hiaith
Wrth herio'r gelyn yn y filltir sgwâr.
Ac er bod gaeaf yn dy faes a'th ffyrdd,
Mae gobaith gwanwyn yn y bythol wyrdd.

Sefydlu'r Ysgolion Cymraeg

Moses J. Jones

Pan ddaeth Eisteddfod Genedlaethol Cymru i'r Rhyl ym 1953, dim ond newydd gychwyn sefydlu ysgolion cynradd Cymraeg yr oedd Pwyllgor Addysg hen Sir y Fflint. Gwnaeth blynyddoedd y rhyfel ddifrod mawr i Gymreictod ysgolion y sir ac roedd galw am gynlluniau brys os oedd y dirywiad i'w atal.

Mi gofiaf ddau brofiad a roddodd ysgytiad i mi yn union wedi i mi gyrraedd i'r sir ym 1948. Pan euthum i'r Ysgol Sul yma yn yr Wyddgrug gofynnwyd i mi gymryd dosbarth o bobl ifanc rhwng pymtheg a deunaw oed. O'r dwsin ohonynt a oedd yno, dim ond tri a siaradai Gymraeg, er eu bod oll yn perthyn i gartrefi Cymraeg. Ymhen rhyw fis wedyn gelwais mewn ysgol babanod yn un o bentrefi Cymreiciaf y sir ac er syndod a siom i mi cael ar ddeall mai deunaw yn unig o'r pedwar ugain o blant a oedd yn yr ysgol honno oedd yn gallu siarad Cymraeg.

Felly dyma benderfynu ar unwaith mai'r unig ffordd i achub yr iaith oedd trwy drefnu i'r Cymry bach gael eu haddysg yn iaith eu mamau. Dyma agor Ysgol Gymraeg mewn tri chanolfan, yn yr Wyddgrug, yn Nhreffynnon ac yn y Rhyl, a rhyw wyth neu naw o blant yn cofrestru ar y bore cyntaf. Cynyddodd y nifer o fewn y flwyddyn ac ymhen pum mlynedd agorwyd dwy ysgol arall, yn Nhreuddyn ac yn Ffynnongroyw. Dylid cofnodi i un prifathro, Mr J. Caradog Williams, droi ei ysgol ef yn Nhrelogan yn ysgol gwbl Gymraeg yn y tridegau gan ddangos beth y gellid ei gyflawni lle roedd prifathro ag argyhoeddiad a brwdfrydedd wrth y llyw.

Yr egwyddor fawr y tu ôl i'r cynllun oedd yr angen am

gywiro'r anghyfiawnder y bu plentyn o Gymro yn ei ddioddef dros y blynyddoedd. Trwy ei amddifadu o'i hawl i dderbyn addysg yn ei famiaith creid ynddo broblemau seicolegol a oedd yn niweidiol i'w dyfiant meddyliol ac a barai iddo dyfu yn greadur a rhwyg ynddo. Nid oedd na Chymro na Sais. Yr oedd yn ormod o Gymro drwy ei fagwraeth i fod yn Sais da ac yn ormod o Sais drwy addysg yr ysgol i fod yn Gymro da. Bellach caiff gyfle i dyfu mewn awyrgylch lle caiff iaith a diwylliant ei wlad eu parchu a'u trysori.

Fel y gellid disgwyl, ni fu'r tefniadau newydd hyn heb eu beirniaid. Cofier mai prin 21% o boblogaeth hen Sir y Fflint a oedd yn Gymry Cymraeg ac o'r ardaloedd oedd wedi eu Seisnigo, megis Glannau Dyfrdwy a mannau fel cylch y Rhyl a'r Fflint y deuai'r gwrthwynebiad pennaf. Rhaid oedd wrth amynedd wrth gyflwyno'r cynlluniau newydd hyn i Bwyllgor Addysg y Sir ac i gyfarfodydd o'r rhieni er ceisio ennill eu cefnogaeth a dileu eu hofnau na fyddai hyn yn amharu dim ar fuddiannau'r plant na'r athrawon. Mi gofiaf am un aelod o'r Pwyllgor Addysg, gŵr digon hynaws ei fryd ond bod ei gefndir fel cyn-swyddog yn y Lluoedd Arfog yn ei wneud yn llawn rhagfarn tuag at yr hyn a alwai ef yn "wastraff", sef ceisio "atgyfodi" beth oedd iddo ef yn "iaith farw".

Pan gyrhaeddai plant yr ysgolion cynradd Cymraeg yr un ar ddeg oed, a hwythau yn awr yn wynebu'r ysgol uwchradd, roedd hi'n bwysig eu bod yn cael parhau i gael addysg drwy gyfrwng y Gymraeg. Ond ysgolion Seisnig oedd pob un o'r pump ysgol hyn. Felly cychwynnwyd ffrwd Gymraeg yn un neu ddwy ohonynt a threfnu iddynt gael dilyn rhai pynciau megis Cerddoriaeth a Hanes yn y Gymraeg. Ond buan y sylweddolwyd mai annigonol iawn oedd y ddarpariaeth hon a phenderfynu mai'r unig ateb oedd codi ysgol uwchradd Gymraeg yn y sir. Gan mai sir fechan, gryno ydoedd, roedd hi'n hawdd sefydlu dwy ysgol, un yn y Rhyl a'r llall yn yr Wyddgrug, a fyddai'n rhoi addysg drwy gyfrwng y Gymraeg o fewn cyrraedd pob plentyn y dymunai ei rieni iddo ei chael.

Roedd peth amheuaeth, fel y gellid disgwyl, gan rai o'r rhieni . . . ai doeth anfon eu plant ymlaen o'r ysgol gynradd i'r ysgol newydd lle byddai'r addysg yn arwain i'r arholiadau yn un ar bymtheg oed. Bu'n rhaid annerch sawl cyfarfod cyhoeddus o rieni i'w hargyhoeddi i fentro cefnogi'r ysgol. (Cofiaf sôn wrthynt am ryw ŵr cefnog nad oedd wedi bod yn dilyn y moddion yn gyson yn eglwys y plwyf dros gyfnod o rai blynyddoedd. Ac yntau yn awr ar ei wely angau dyma alw'r ficer ato a gofyn iddo a gâi sicrwydd o nefoedd tu draw i'r bedd pe cyfrannai bum mil o bunnoedd at gronfa'r organ. A'r ficer yn ateb "Wn i ddim wir, ond mae'n fenter sy'n werth rhoi cynnig arni!") Mentro cefnogi Ysgol Glan Clwyd yn y Rhyl a agorwyd ym Medi 1956 ac Ysgol Maes Garmon yn yr Wyddgrug, 1961, a wnaeth mwyafrif y rhieni.

Symudwyd Ysgol Glan Clwyd o'r Rhyl i Lanelwy ym 1969. Roedd dinas Llanelwy yn fwy canolog i'r plant deithio iddi bob dydd, yn arbennig o bentrefi Dyffryn Clwyd a mannau fel Bae Colwyn. Bu cryn gynnwrf ymhlith rhieni plant Prestatyn am eu bod yn gorfod cefnu ar yr hen ysgol ramadeg a gartrefid ers blynyddoedd yn yr adeiladau yn Llanelwy, ond ymhen amser daethant i ymfodloni ar y trefniant. (Roedd yn ddoniol gweld Cymrodorion y Rhyl yr adeg honno yn ymuno gyda'r di-Gymraeg o Brestatyn i wrthwynebu symud yr ysgol o'r Rhyl i Lanelwy!)

Erbyn heddiw y mae'n llawenydd gweld fel y mae'r holl ysgolion Cymraeg wedi ennill eu plwyf a chael bod awydd cryf ymysg cymaint o rieni di-Gymraeg i anfon eu plant iddynt at y Cymry Cymraeg ifainc sy'n tyrru, yn ddigon naturiol, drwy eu drysau yn feunyddiol.

Y Tri Llais

Emyr Humphreys

Brodor o'r fro hon yw awdur y nofel Y Tri Llais. *Yma y treuliodd y nofelydd Emyr Humphreys ei blentyndod a'i ieuenctid. Diolchir iddo yn gywir iawn am ganiatâd parod i ddyfynnu o'i nofel, a gwneir hynny am fod llawer elfen hunangofiannol ynddi. Mae'r disgrifiad sy' yn y paragraff cyntaf isod yn ddisgrifiad cywir o'r hyn a welir o'r arfordir a Dyffryn Clwyd o ben y bryniau uwchlaw Prestatyn. A'r tebyg yw bod hanes y diwrnod cyntaf yn yr Ysgol Sir hefyd yn gofnod go agosati o'r profiad a gafodd y nofelydd yn un ar ddeg oed. Cyffesodd fod* Y Tri Llais *wedi ei lleoli'n gyfan gwbl "ym mro'r Eisteddfod".*

Ar brynhawn o haf, yng nghanol y wlad ac eto yng ngolwg y môr, gwelais ddyffryn eangwyrdd, a cherddais yn dawel o'i ganol ir am dair milltir ddifyr, nes cyrraedd ohonof ben rhiw a ymsaethai wedyn yn syth i'r arfordir islaw. Yr oedd yn ddiwrnod glân; draw ar y gorwel isel gorweddai môr llyfn dideimlad. I'r gorllewin, yn gryfa ch nag unrhyw dywydd, safai crib hir y mynyddoedd digyfnewid. Ar lan y môr ymestynnai dwy dref o'u canol llwydlas i faestrefi rhuddgoch direol; ac ar lawr y dyffryn llydan y tu cefn imi, ymledai tir glas yn gymysg ag ambell gae ŷd. O'r diwedd, wedi ymborthi cymaint ar bob rhyw hyfrydwch o'm hamgylch, gorweddais yn dawel ar y manwellt, a rhwng cysgu a deffro, clywais dri llais a adwaenwn mor dda yn yr amser gynt.

Cefais i fy magu yng nghanol y wlad ac eto yng ngolwg y môr. Byddai fy chwaer a minnau'n chwarae yn yr ardd gan guddio'n aml tu ôl i goedwig feddal o wellt asparagus, neu ddringo'n aml ym mrigau'r hen goed afalau. Michael yw fy enw.

Pan af fi i 'ngwely, meddai Michael, mae fy meddwl wedi'i lwytho efo straeon bechgyn ysgol-breswyl, canys y mae fy nychymyg i wedi angori ym mhorthladd y bywyd sydd ohoni. Breuddwydiaf freuddwydion am fywyd bob dydd mewn ysgol-cylchgrawn-bechgyn, a'm campau i fy hun mewn lle amlwg yn y canol; anturiaethau yn y dormitori, pryfocio athrawon amhoblogaidd, ennill can *run* namyn un ar y cae criced cyn colli ohonof wiced oherwydd arafwch traed fy mhartner swrth. Clywaf grawcian y brain fin nos ym mrigau'r coed, tra ymwisgaf mewn dillad cyfaddas cyn llithro'n ddirgel i mewn i ysgol Eton.

Mae fy chwaer wedi mynd i Landrindod at fy modryb i gael addysg boneddiges. Nid oes gobaith wedi'r cwbl imi gael mynd i ysgol breswyl. Dywaid fy nhad fod rhaid imi eistedd am ysgoloriaeth i'r Ysgol Sir, fel pawb arall. Cas gennyf feddwl am gystadlu, yn arbennig oherwydd gwn yn eithaf da fod Iorwerth gymaint gwell na mi, felly yn bur sicr o ymddangos yn uwch o lawer ar y rhestr. Pam, a minnau'n gwybod gyda sicrwydd diysgog fy mod i'n dalentog, pam rhoi gorfod arnaf i ymddangos yn eilradd ac yn ddwl?

Y mae muriau neuadd Ysgol Sir Llanelw yn huawdl ar ychydig hanes. Dacw'r bonheddwr hir-wyntog, cadeirydd cyntaf y Llywodraethwyr, pen-blaenor Capel Moreia, masnachwr amlwg, cadeirydd cyngor y dref, henadur, cadeirydd y Pwyllgor Cyllid Cenedlaethol, bu farw 1917 — yn ei wely. Heddwch i'r llwch sydd ar ffrâm y darlun.

Dacw ddarlun o ddisgyblion cyntaf yr ysgol, bechgyn difrifol canrif arall, ac ychydig o ferched ifainc mewn gwisgoedd hen. Eistedd y prifathro cyntaf yn eu canol yn gwisgo'i ŵn a'i gap academaidd, mwstas du digalon yn gwywo o gwmpas ei geg. Llun hefyd o seremoni agor yr adeilad newydd. A dyma oriel y disgyblion a laddwyd yn Rhyfel Mawr 1914-18, bechgyn trist mewn lifrai llwyd.

Yn y neuadd hefyd y mae'r Rhestr Anrhydedd, delw o bren du sydd yn ymestyn fel polyn totem o'r to i'r llawr. Ysgrifennwyd arno enwau mewn llythrennau aur — John Ed. Jones, Burton Schol., U.C.N.W., 1899. Dyna'r enw cyntaf i lawr at yr enw olaf mewn aur sydd bron gyferbyn â 'sgidiau'r plant. Florence May Hedge, Cohen Exhib., Liverpool Univ., 1928; ac nid oedd lle i'r sawl a ddaeth ar ei hôl.

Ar naill du'r llwyfan ym mhen draw'r neuadd y mae dau ddarlun olew mawr: ar y chwith, O. M. Edwards; ar y dde, Herbert Lewis. Y prifathro a saif rhwng y ddau yw'r unig aelod symudol o'r triawd addysgol.

Yn ystod y gwasanaeth boreol, saif Albi, Michael a Iorwerth yn y rheng flaenaf, ochr y gwrywod. Esgyn y pennau o ddosbarth i ddosbarth fel marciau fy nhad ar ddrws y beudy i nodi fy mhrifiant. Cyfyd ambell eithriad fel gwair cynnar yn uwch na'r gweddill, ac Albi wrth gwrs yw'r eithriad yn ein rhes ni. Bob bore llenwir y neuadd gan blant yn ôl eu dosbarth fel grawn yn llifo o sach ar lawr y llofft ŷd; genethod ar y chwith, bechgyn ar y dde. Trefnir y cwbl gan y prif ddisgyblion, bechgyn hamddenol awdurdodol y chweched dosbarth, a merched diwylliedig cadarn, eu coesau mewn 'sanau duon, yn gofalu am yr ochr arall, lle y trydar y genethod lleiaf. Pan fo pawb yn barod, daw'r prifathro allan o'i ystafell yng nghefn y neuadd, ac wrth iddo hwylio i lawr y canol, gedy ddistawrwydd ar ei ôl fel llwybr llong.

Ceir gwasanaeth byr yn Saesneg. Canwn dôn gyfarwydd ar eiriau Saesneg anghyfarwydd. Ni bûm erioed mewn gwasanaeth crefyddol yn Saesneg o'r blaen. Darllenir gweddi allan o gyfrol fain gan y prifathro. A dyna'r tro cyntaf i mi glywed neb yn *darllen* gweddi. Mae'n gwbl amlwg 'mod i ar drothwy byd newydd.

Dechreuodd fy niwrnod cyntaf i yn yr Ysgol Sir, meddai Michael, mewn ysgarmes am sedd. Cefais bwniad ffyrnig gan fachgen cyhyrog mewn trowsus llaes, wrth imi eistedd yn y sedd gefn a ddewisais i mi fy hun. Trois i wynebu'r gelyn newydd efo geiriau llym, ond pan welais ei ddwrn mawr a'i guchiau cas, aeth y geiriau poeth yn oer ar fy nhafod a threfnais fy wyneb yn wên enillgar ffals.

" 'Waeth inni eistedd efo'n gilydd ddim," meddwn gan symud i fyny i wneud lle iddo. Cymerodd eiliad i feddwl dros fy nghynnig. Gwenais eto'n glên.

"Wel ie. Beth yw dy enw di 'te?"

"Michael Edmunds."

"Enw ar y diawl." Chwarddodd. Chwerddais innau hefyd, ond yn bur anfodlon.

"Beth yw dy enw di?"

"Jac Owen." Nid oedd yr enw hwn yn destun chwerthin o gwbl. Ac felly y deuthum i eistedd wrth ochr bwli'r dosbarth — wrth lwc, un hawdd dylanwadu arno. Cymerais gryn dipyn o drafferth i ddod i ddeall Jac. Dim ond imi wneud sbort am ben athrawon a phawb a phopeth nad oedd yn dda ganddo, yr oedd wrth ei fodd. Cludais rifynnau lawer o'r *Schoolboys Own* i'r ysgol iddo, a gadewais iddo gopïo fy ngwaith cartref. Gwnaeth fy ngwybodaeth eang o lenyddiaeth bechgyn Saesneg argraff ddofn arno, ac fe ddaeth i edrych arnaf fel yr awdurdod pennaf ar y grefft o wneud drygau, 'waeth pa mor syml oedd y cynllun.

Ym mhen draw y caeau chwarae, heb fod ymhell o'r fan lle y sefais i edrych yn ôl ar yr ysgol ac wylo ddiwrnod yr Arholiad, yr oedd celli fach o goed cnau a chae eithin rhyngddi a'r lein fawr. Mewn pant clyd yn yr eithin, eisteddem yn aml yn yr awr ginio i 'smygu woodbines, neu i alw ein cyfeillion arbennig ynghyd. Fel Wil Ifor, yr oedd Jac yn arbenigwr ar lyncu mwg, yn tynnu'r mwg i lawr i waelod ei ysgyfaint ac wedyn yn bwrw'r ffun ffyrnig allan drwy'i ffroenau llydan. Ar y lein fawr gosodasom hoelion mawr, cyn dyfod o'r Irish Mail i wastatáu'r hoelion yn ddarnau llyfn main.

"Jac."

"Be' sydd?"

"Mi rydw i wedi cael hyd i ffordd i fynd i fewn i'r cae ffwtbol."

"Taw y diawl."

"Ydw, wir-yr."

"Ffordd?"

"Trwy erddi'r parc. Dros ben un o'r cytiau lloches rheini. Mae'n hawdd. Rwyt ti'n dod allan o dan y Stand Fawr."

Lle gwynfydedig. Dau dditectif ar ôl lladron aur, ymchwilwyr diofn mewn fforest gwlad newydd, indiaid cochion, gwrthryfelwyr, milwyr y goron, môr-ladron, ymgropiwn o dan y stand fawr ymysg y poteli gweigion, y blychau sigareti gweigion, y baw ci, a darganfod o dro i dro ambell i geiniog, neu weithiau, y trysor mawr, chwech, neu hyd yn oed swllt.

"Iorwerth!"

"Ie?"

"Mae Jac a minnau'n mynd i'r Ffair. 'Wyt ti am ddod?"

"Mae o allan o gyffiniau'r ysgol."

"Taw'r babi nain!" meddai Jac.

Yn lle Iorwerth daeth Les efo ni, Les mab rheolwr y banc, unig blentyn, braidd yn dew, bob amser yn cnoi pethau da, a golwg flêr ar ei ddillad newydd. Aethom drwy'r celli ar draws y lein fawr, ar hyd y promenâd i'r Ffair Chwarae — Pleasureland — yn y pen arall i'r dref, cap ysgol pob un ohonom yn ddiogel o'r golwg mewn poced. Cawsom fenthyg cryn dipyn o geiniogau gan Les, ac nid wyf yn cofio inni erioed eu talu'n ôl. Roedd y Ffair yn lle mor bleserus nes anghofio ohonom amser yn llwyr.

"Hei! Hogiau. Faint ydi o'r gloch?"

"Diawl," meddai Jac, yn dechrau rhedeg ar unwaith. Yn ôl trwy'r dref y tro yma, yn chwys i gyd yn ceisio osgoi y bobl ar y pafin a chroesi'r strydoedd yn wyneb y traffic diamynedd. Wrth basio tŵr yr eglwys, edrychodd Les i fyny, wedi colli ei wynt, ac mewn ebychiad, esgorodd ar ei joc enwog:

"It's ten to two, too."

David Lloyd

T. Elford Roberts

Tua chwe milltir i'r dwyrain o dref y Rhyl ar ucheldiroedd hen Sir y Fflint ac ar lethrau uchaf hen blwyf Llanasa saif pentref bychan gwasgaredig Berthen-gam. Amgylchynir y pentref gan nifer o bentrefi bychain eraill, pob un wedi ei wreiddio'n ddwfn yn hanes y fro. Yma ac acw yn yr ardal gwelir olion hen weithfeydd mwyn — rhai ohonynt yn dyddio'n ôl i gyfnod y Rhufeiniaid, ac yng Ngwaunysgor heb fod nepell i ffwrdd mae safle neolithig. Ar dir Mynydd Mostyn o fewn rhyw dri chan troedfedd i'r ysgol leol erys olion hynafol. Tua milltir i'r dwyrain o'r pentref saif Maen Achwyfan, ac ymhellach eto i'r dwyrain mae Ffynnon Gwenffrewi ac adfeilion Abaty Dinas Basing. Ond pa mor hanesyddol bynnag fo'r ardal, i'r eisteddfodwr cyffredin nid yw'r enw Berthen-gam yn golygu ond un peth, sef mai dyma fan geni y tenor Cymraeg byd-enwog David Lloyd — melyslais ei ardal, ei sir a'i wlad, ac un a ddringodd i blith cantorion enwocaf ei ddydd.

Fe aned David Lloyd ac fe'i magwyd mewn cymdeithas glòs a chyfeillgar — cymdeithas Gymraeg ei hiaith a'i harferion — cymdeithas o ffermwyr, o weithwyr ar ystad y Gyrn ac o lowyr o lofa'r Parlwr Du. Mewn cylch fel hwn y treuliodd flynydd-oedd cynnar ei oes. Heb orfod crwydro ymhell o'i gartref ym Mryn Siriol gallai ef a'i gyfeillion weld golygfa brydferth ar draws aberoedd Afon Dyfrdwy ac Afon Mersi — golygfa'n ymestyn allan i'r môr cyn belled ag Ynys Manaw ac i gyfeiriad mynyddoedd Cumbria a mynyddoedd y Pennine — "asgwrn cefn Gogledd Lloegr" fel y disgrifiwyd hwy gan rywun. Un olygfa arbennig iawn ar ddiwrnod clir fyddai meindwr eglwys

David Lloyd.

gadeiriol Anglicanaidd dinas Lerpwl. Yn weddol agos at yr eglwys gadeiriol honno saif y Neuadd Ffilharmonic, lle'r oedd David Lloyd i ddod i amlygrwydd yn ddiweddarach. Fe ddywedir bod yn rhaid i'r gwir artist weld gweledigaethau a breuddwydio breuddwydion pan fo'n cyfleu ei ddehongliadau. Yr oedd hyn yn sicr o fod yn wir am David Lloyd pan gyrhaeddodd uchafbwynt ei yrfa. Ond pan oedd yn llencyn, tybed a feddyliodd erioed y byddai un dydd yn enw cyfarwydd ar lwyfannau cerddorol ledled y wlad?

Fe garai ei gartref gyda'i arferion syml, ac o gyfnod ei blentyndod daeth yn ymwybodol o ddiddordeb y teulu mewn cerddoriaeth. Gŵr o'r enw B. S. Fidler oedd prifathro'r ysgol leol pan oedd David Lloyd yn ddisgybl ynddi. Credai ef mewn dysgu miwsig drwy gyfrwng y Tonic Sol-ffa a thrwy ddefnyddio'r *modulator* ac arwyddion llaw. Yr oedd yr ymarferiadau hyn yn ffurfio rhan bwysig o'r addysg a gyfrennid. Uchelbwyntiau bywyd cerddorol y cylch yn y cyfnod hwnnw oedd yr eisteddfodau lleol, yr hen *penny readings* o hoffus goffadwriaeth ac ambell gyngerdd mawreddog. I'r cantorion ac i'r gwrandawyr fel ei gilydd yr oedd canu yn orchwyl bleserus, yn ddifyr ac yn gwbl naturiol. Byddai David a'i chwaer Mona yn enillwyr cyson ar y ddeuawd i rai dan 18 oed yn Eisteddfod Caerwys ar ddydd Gŵyl Dewi ac yn Eisteddfod Rhuallt ar ddydd Gwener y Groglith.

Yn y man, datblygodd David lais tenor melodaidd a swynol. Ni fu corau meibion Trelawnyd a Ffynnongroyw yn hir cyn dod i sylwi ar dalent cerddorol y gŵr ieuanc o Ferthen-gam, ac ef oedd eu hunawdydd mewn darnau cystadleuol megis "Martyrs of the Arena", "The Crusaders" a "Spartan Heroes" — darnau poblogaidd iawn yn y dyddiau hynny. Yr oedd y beirniaid cerddorol yn unfryd eu barn ynglŷn â David. "Byddwn yn clywed llawer iawn mwy am y gŵr ifanc hwn" — dyna oedd byrdwn eu sylwadau dro ar ôl tro. A dyna oedd eu tystiolaeth hefyd pan ddechreuodd gystadlu fel unawdydd. Erbyn heddiw, wrth gwrs, mae'r hen eisteddfodau lleol wedi diflannu. Ond wrth groesawu'r Ŵyl Genedlaethol i'r cylch priodol yw edrych yn ôl i'r gorffennol a chofio gyda diolchgarwch am gyfraniad yr eisteddfodau bychain, lleol ac am eu hymdrechion i hybu talentau ieuainc.

Yn ffodus, fe wrandawodd David Lloyd ar y cynghorion a dderbyniodd, ac yn y man aeth i goleg cerddorol enwog y Guildhall yn Llundain. Enillodd bob un o brif wobrwyon y coleg hwnnw. Mae'r hyn a ddilynodd yn hen hanes bellach — ei fuddugoliaethau syfrdanol yn Glyndebourne a Sadler's Wells gydag operâu Mozart a'i lwyddiant eithriadol yn y Syr Henry Wood *Promenade Concerts*, ynghyd â'i ddatganiadau gyda chymdeithasau corawl enwocaf y wlad. Yn dilyn y rhain, bu'n perfformio yn "Requiem" Verdi yn Copenhagen ac yn Stockholm. Daeth y rhyfel i'w atal rhag mynd ar daith gerddorol o gwmpas America, ond cafodd fynd yno'n ddiweddarach.

Yr oedd David Lloyd yn meddu ar lais unigryw — llais swynol, lliwgar, cyfoethog. Meddai hefyd ar y ddawn i gyfuno hynny gyda chynhesrwydd ei bersonoliaeth. Treiddiai'r nodwedd hon drwy ei holl berfformiadau gan roddi iddynt ryw naws riniol. O flaen cynulleidfa o Gymry gofalai gynnwys rhai o hoff emynau'r genedl yn ei raglenni. Gwnaeth ei hun yn annwyl gan y werin mewn modd arbennig drwy'r cyfrwng hwn. Yn wir, ar lawer ystyr dyma oedd uchafbwynt y rhaglen bob tro a'r eitem fwyaf poblogaidd i nifer helaeth o'r gwrandawyr. Yr oedd rhyw doriad anghyffredin yn ei lais pan fyddai'n canu am ddwyster y Groes. Yna, byddai'r llais yn ymagor i'w lawn ddisgleirdeb a'i gyfoeth i atseinio buddugoliaeth y Pasg. Fe wnaeth y dôn "Lausanne" bron yn eiddo iddo'i hun, ac nid yw'r sawl a gafodd y fraint o wrando arno'n canu'r emyn "Iesu, Iesu, rwyt Ti'n ddigon" yn debygol o anghofio'r profiad.

Fe ysgrifennais yr erthygl fechan hon fel un a fu'n gyfaill personol i David Lloyd. Fe'm ganed a'm magu mewn pentref cyfagos, ac un o'm breintiau mwyaf oedd cael bod ar yr un llwyfan ag ef pan fyddwn yn arwain cymdeithasau corawl Treffynnon a Dinbych a chôr meibion Trelawnyd. I mi, yr oedd y profiadau hyn yn eithriadol iawn, yn ogystal â bod yn brofiadau a drysoraf am byth. Cofiaf fel y byddai'n rhaid paratoi pob rhaglen yn fanwl ac yn ofalus ymlaen llaw. Byddai'r ddefod yn yr ystafell fechan y tu cefn i'r llwyfan neu yn festri'r capel wastad yr un fath. Am beth amser, eisteddai David Lloyd yn dawel yn ei unfan, fel pe bai'n casglu ei feddyliau at ei gilydd, ond pan ymddangosai o flaen ei gynulleidfa, ef oedd meistr y llwyfan.

Un arwydd o fawredd David Lloyd fel artist oedd edmygedd ei gyd-broffesiynwyr ohono. Yr oedd gan Syr Malcolm Sargeant, er enghraifft, feddwl uchel o'r recordiau a wnaeth o weithiau Mozart. Cofiaf fod yn arwain perfformiad o'r "Messiah" yn Nhreffynnon ddiwedd y pedwardegau. Y soprano ar yr achlysur hwnnw oedd y gantores fyd-enwog Isobel Baillie. Wrth sgwrsio ar ôl y rihyrsal dechreuodd sôn am David Lloyd. Sylweddolodd, mae'n debyg, ei bod ar y pryd yn ardal ei gartref, ac aeth i siarad amdano gydag arddeliad, fel un a oedd wedi gwneud darganfyddiad newydd. Yn ddiweddarach fe osododd ei sylwadau ar glawr yn ei llyfr diddorol *Never Sing Louder Than Lovely*, a dyfynnaf y frawddeg ganlynol o'r llyfr hwnnw: "David Lloyd had a particularly attractive lyric voice. His great asset was his ability to spin a *bel canto* line, made possible by a quite remarkable breath control." Ym meddiant y teulu mae nifer o lythyrau yn datgan gwerthfawrogiad o wasanaeth David Lloyd — rhai ohonynt gan artistiaid enwocaf y cyfnod megis y Fonesig Myra Hess a Syr John Barbirolli.

Yr oedd celfyddyd David Lloyd yn eang ei gylch. Dygodd awdurdod i lawer rhan o'r byd cerddorol. Fe gofir hyd heddiw am y rhaglenni poblogaidd y cymerodd ran ynddynt ar y radio — *Melys Lais, Silver Chords, Palm Court*, a rhaglen Doris Arnold *She Shall Have Music*, yn ogystal â rhaglenni ysgafn eraill. Byddai David Lloyd yn paratoi ar gyfer y rhaglenni hyn yr un mor drylwyr â phe byddai'n paratoi ar gyfer opera neu oratorio. Yr oedd diffuantrwydd perfformiad yn nodweddiadol ohono.

Yn ystod wythnos yr Ŵyl Genedlaethol addas iawn yw i ni ein hatgoffa ein hunain o gyfraniad David Lloyd i fyd cerddoriaeth. Fe roddodd gymaint, a thrist yw meddwl y gallai fod wedi rhoi mwy eto oni bai am y ddamwain alaethus a ddigwyddodd iddo ym 1954. Mae lle gwag iawn ar ei ôl — nid yn unig fel unawdydd, ond hefyd fel cyfaill calon-gynnes.

Os digwydd i chwi fod yng nghyffiniau Berthen-gam yn ystod wythnos yr Eisteddfod cofiwch fynd i weld cartref David Lloyd. Cewch weld y plac coffâd a osodwyd ar y mur gyda chwpled Tilsli arno:

Yn ei gân bu'n gennad,
Sŵn ei lais a swyna'i wlad.

Galwch ym Mryn Siriol. Bydd croeso cynnes i chwi ar yr aelwyd yno.

Y Torrwr Glo

Ef a ddamweiniodd i Dudur Aled ddyfod ar rouster i Chwitfordd i'r pyllau glo i edrych y gwaith, ac yno, dyfod Dai ap Wiliam ap Llew(elyn) ap Robin Ddu, yr hwn oedd yn dorrwr glo tan y ddaear, a phan weles ef Dudur Aled y dywad: "O, meistr Tudur, moeswch englyn." Yna canodd y Tudur y ban olaf i englyn, fal hyn, ac a barodd iddaw fyned ag ef i'w orffen at Siôn ap Hywel ap Llew(elyn) Fychan:

>   Dewr a glân i dorri glo
>   Yw Dai Wiliam yn dulio.

Ac yna aeth Dai Wiliam a'r hanner englyn hwn at Siôn ap Hywel i erchi iddo i orffen. Ac yna y dywed Siôn ap Hywel: "Ef a ddarfu i Dudur i orffen, rhaid i ti gael i ddechrau ef." Ac yna y canodd Siôn ap Hywel fal hyn:

>   Yn y ddaear sgwâr yn sgyrio — gelltydd
>   A'i gwlltwr yn cloddio,
>   Dewr a glân i dorri glo
>   Yw Dai Wiliam yn dulio.

Diwrnod i'w Gofio

Tiwdor Wilson Evans

Erys Aberlan wedi ei ffosileiddio yn gornwydlyd wrth droed y bryn fel dafad fys ar hen law gyfarwydd. Bu amser pan ddaliai'r tai afael ar eu tipyn byw gerfydd eu hewinedd ar rimyn y ffordd fawr wrth iddo sarugo heibio iddynt, gan fod bro hawddgarach wedi trofa'r Glasdir, neu am fod rhyw wallgofrwydd cyntefig yn hofran uwch y lle a'u byw yno'n ddim amgenach na chwarae rhychwantus plant mewn mynwent, yn bytheirio lle nad oedd bywyd i fod. Peidiodd y ffordd fawr â bod, ac â yn Lefiaidd o'r tu arall heibio rhwng y tai bach a wal y lein fawr. Perthynai parch ac urddas piwis i'r pentref unwaith ond casnach ei gefn anweladwy yw ei ddrws ffrynt erbyn hyn, a'r ffordd, fu mor brysur, yn segura'n ei chwrcwd mewn stae goliar, gan ddal yn llac yn ei dwylo segur rhyw ddarlun swrëal o bentref yn pydru'n araf ar seidin bywyd.

Er ei bod yn blygeiniol, cwyd mwg ffres o'r simneiau wrth i ddiwrnod arall gael ei lusgo gerfydd ei glustiau i'r byd sydd ohoni, ond nid oes neb ar gof a chadw'r llwyfan; ni chanodd y blôr eto!

Llwybreiddia cysgod dau ddyn ar hyd y traeth o gyfeiriad Rhyd y Gwynt, ond ni ellir gweld eu hwynebau eto gan fod yr haul yn codi fel glaslanc yn ysgwyddau i gyd, dros harbwr Rhyd y Gwynt. Ni fedr hyd yn oed hwnnw ddangos arwydd o barch, a chodi'n biwis ddyfrllyd dros undonedd cyfoglyd y traeth fel y gwnaeth y bore hwnnw flynyddoedd meithion yn ôl. Roedd o'n rhy wynebgaled o'r hanner i Ebrill, heb ei dynerwch arferol, fel pe bai yntau am ddal ar bob eiliad briw o'r hwyl a'r sboits ar drofa ffordd y gwaith. Pe safai rhywun ar Bont y Lein gallai

163

Gwaith Glo y Parlwr Du.

(Llun: F. B. Hamilton)

daeru bod rhywbeth cyfarwydd yn osgo'r ddau a gydgerdda ar y traeth, ond nid oes neb yno, na dim i ddweud bod llanw'r byd mawr hyd yn oed wedi bod cyn belled oni bai am ambell ddarn o wymon sleimlyd yn dal ei afael yn flinedig ar feini'r bywyd fu yno unwaith.

"Dydi'r lle 'ma'n gwella dim o flwyddyn i flwyddyn, Huw."

"Nac ydi. Ond fedri di ddim mo'i adael o'n gyfan gwbwl, fedri di?"

"Ma'n dibynnu ar dy agwedd di, ond dwi'n gwbod yn iawn be ti'n feddwl."

"Hei! 'Drycha, Twm! Pwy sy'n fan acw wrth y banc cocos?"

"Boi ydi o. Rwyt ti'n mynd yn hen, was. Meddwl mai Meri Cocos oedd yna roeddat ti'n, 'de? D'wad ti'r gwir rŵan."

Chwardd Huw yn isel. "Ia, ddyliwn. Rhyw isio i betha fod yr un fath â roeddan nhw."

"Fyddan nhw byth, 'y ngwas aur i. Ma'r hwch wedi mynd drwy'r siop ers blynyddoedd."

164

"Do, ddyliwn, ond doedd dim raid iddi hi fod felly."

"Huw. Rwyt ti'n rhy freuddwydiol o lawar, ac yn meddwl bod dy gyd-ddyn yn fwy cradur nag ydi o. Fedran ni i gyd ddim bod yn berffaith fel ti."

"Perffaith! Tasat ti ond yn gwbod faint o gyfaddawdu fu raid imi ei neud i gadw'r ddesgil yn wastad cyn y diwadd, mi gaet ti ffit gron."

"Digon o waith, roeddwn yn hen gyfarwydd â'r gêm honno, ac mae'n gletach nabod dy gyfeillion na d'elynion, cofia."

"Ydi, ddyliwn." Saif Huw drachefn gan syllu allan i'r Dwfn. "Wyt ti'n siŵr mai boi ydi nacw?"

"Ydw. Dydi Meri ddim wedi bod ar y banc cocos ers oesoedd fel ti'n gwbod. Hel hen feddylia rwyt ti. Dyna fu dy berygl di erioed. Hel meddylia nes eu bod nhw'n troi'n gasnach."

"O leia, mi roeddwn i'n deud y gwir."

"Doeddwn inna ddim yn deud celwydd chwaith."

"Nac oeddat, ond ma' 'na dipyn o hen grawn rhwng y ddau begwn yna hefyd, ac roedd Meri yn medru rhoi ei bys ar dy ddolur di yn o sydyn."

"Doedd hi ddim yn gweld y gwendida yn ei safiad hi, chwaith."

"P'run ohonon ni sydd, d'wad?"

"Wyddwn i ddim bod gwendida ym mreuddwyd fawr dy Undeb di. Paid â deud fod y gola wedi pylu."

"Nac ydi, neno'r tad. Mewn dynion roedd y gwendid."

"'Drycha ar y pentra, da thi. Does 'na olwg tlodaidd di-raen arno fo, d'wad."

"Un da fuost ti erioed am newid stori, Twm."

"Dwi wedi nabod 'y ngwendida o'r dechra cychwyn. Rialydd fues i erioed, ac nid breuddwydiwr."

Edrycha Huw yn lletchwith arno gan ryw gilwenu cyn troi drachefn i edrych ar y pentref. "Ti'n iawn. Ma' 'na olwg digon giami ar y lle. Rhyfadd sut ma'r lle wedi mynd ar i lawr wrth i'r pwll fynd yn fwy."

"Dyna'r tuedd mae arna i ofn. Ryw golli golwg ar y gwreiddia wrth dyfu'n rhy uchal."

"Balch fuon ni'r coliars erioed, a be oedd o'i le mewn torheulo yn llygaid yr haul."

"Y perygl ydi gordyfu eu cryfdar, fel hogyn Twm Swpar Poeth erstalwm. Wyt ti'n 'i gofio fo?"

"Ydw, neno'r grym! Roedd o'n saith troedfadd os oedd o'n fodfadd, a'i gefn o fel cryman yn y diwedd."

"Dim digon o stîl yn ei asgwrn cefn o, medda'r doctoriaid, a'r straen yn y diwadd yn gadael i'r hen walch bydru'r asgwrn. Fuo fo fawr o dro yn marw wedyn."

"Diolch i'r drefn am hynny. Roedd o'n rhy wantan."

"Oedd, fel blodyn mewn sychdwr. Roedd 'na hen helynt i drio cael ei arch i mewn i'r bedd, a Wil Trwch y Blewyn wedi cael dropyn gormod wrth geibio ac yn methu credu'r ffigyra ar y papur o'i flaen."

"Roedd hi'n dipyn o ofid i'w dad a'i fam o yn gorfod gadael yr arch ar lan y bedd hefyd ar drugaredd meddwyn."

"O leia, roedd Huws y Claddwr yno i ofalu fod petha yn cael eu cwbwlhau gyda pharch."

"Cyhoeddus oedd ei barch ynta hefyd!"

"Ia. Rhyw ddawnsio traed brain o fyw fuon ni i gyd."

"Ond bod rhai ohonan ni wedi cael mwy o amsar i sbio ar eu traed na'i gilydd."

"Bachog iawn, Huw! Ond ma'n biti gweld y lle. Roedd gen i feddwl mawr o'r bobol er eu holl ffaeledda. Roedd y lle yn ferw efo nhw."

"Wyt ti'n cofio'r amsar pan oedd y capeli'n llawn bob Sul?"

"A'r tafarna bob nos."

"*Typical*! Pwy ond y ti, ynde Huw? Be am y côr meibion, y côr cymysg, côr y plant a'r band?"

"A'r steddfod fawr. Paid ag anghofio honno. Dwi'n cofio'n iawn i rywun o'r Sowth ennill y gadair unwaith, a beirdd Sir Fflint wedi cael cam, pob un."

"Beirniad wedi meddwi eto?"

"Ia, neu ddim yn ddigon o giamstar ar ei waith. Ma'r capeli wedi uno yn festri Bethania erbyn hyn, meddan nhw wrtha i, a Moriah ar werth, a'i ffenestri wedi eu tyllu fel petasai o ddim ots o gwbwl fod y lle yn sanctaidd."

"Doedd y lle 'rioed yn sanctaidd. Cyfathrach ysbrydol oedd yn sancteiddio'r lle."

"Feddyliais i erioed y clywn i Bolshi Trybyl Mécar yn deud y fath beth. Doeddwn i ddim yn meddwl bod crefydd yn dŵad i mewn i'ch cyfrifon chi o gwbwl."

"Ma' crefydd yn un peth, a chrefydda'n beth arall. Roeddwn i'n meddwl bod rhannu pob dim efo dy gyd-ddyn yn rhan o ddysgeidiaeth dy Dduw di."

"Ydi. Ond ma' isio rheswm a chymedroldeb ym mhob dim!"

Chwardda'r ddau. Er y chwithdod i'w weld o'u cwmpas, braf yw cael bod yma ar y diwrnod arbennig hwn yn cydgyfranogi a chofio; a'r haul, er mor fore ydyw, yn gynnes ar eu gwarrau.

"Rwyt ti wedi gwario oria ar yr hen draeth hyll 'ma, Huw, yn sbio fel tylluan ar draws y mwd at y Caldu."

"Gwastraffu faswn i'n ddeud. Petaswn i wedi ymlafnio ati mwy efo'r dynion a'r Onars hwyrach y baswn i wedi medru arbad y gyflafan."

"Digon o waith. Dydi pobol byth yn gwrando nes ei bod yn rhy hwyr, a ddysgan nhw byth o wersi'r gorffennol."

"Paid â gofyn am wyrthia, Twm druan. Doeddan ninna'r un fath yn union. Pob un a'i ddelwedd o'i fyd delfrydol, gan feddwl fod petha'n mynd i bara, ond mi lithrodd y pwll allan o'n gafa'l ni, rywsut."

"Do. Mi fuo 'na lawar o briodi diethriaid yn y blynyddoedd ar ôl y danchwa."

"Fedri di weld dim bai arnyn nhw. Roedd 'na brinder uffernol o ddynion o gwmpas y lle, a chaledi mawr o drio byw ar y plwy."

"Pwy ydw i i weld bai? Dydw i ddim yn meddwl y gwnaeth hynny ryw lawar o wahaniaeth rywsut, ond pan ddaeth pobol ddiarth o bobman amsar y gwladoli, dyna pryd yr aeth petha i'r wal. Duw! Doeddan ni ddim yn nabod hannar y dynion. A ti'n cofio pan ddaru nhw ddechra cau pylla Recsam, roedd coliars diarth fel llau o gwmpas y lle. Doedd 'na fawr o raen ar rai ohonyn nhw."

"Roeddan nhw'n goliars yr un fath â ninna."

"Oeddan, ond roedd eu cefndir a'u magwraeth yn wahanol.

Fe dorron nhw ar draws falans y pentra. Fedri di fawr o ddeud mai coliars gora'r lle ddaeth fel y cyfryw, er ma'n rhaid i mi gyfadda bod yna un neu ddau o'r radd flaena yn eu canol nhw. Roeddan nhw'n medru meddwi a dwyn merched dynion erill fel criw o nafis 'Werddon. A phan ddaeth coliars o bylla Seisnig yma roedd y lle ar ben. Dim parch i'r pwll na'r pentra fel roedd ganddon ni. 'Drycha ar yr anghenfil o Institiwt 'na ar erchwyn y pentra. Dyna iti ddylanwad estroniaid iti. Roedd petha amgenach gynnon ni na chwt diota crand i wastraffu'n hamsar efo fo, gyda chyngherdda amwys a reslo ffug. Roeddwn i'n medru parchu'r Ffarmars, y Relwê a'r Crown achos eu bod nhw'n onast o leia, ond felfed dros biswail o le oedd fan'na."

"Mae o wedi cau lawr ac ar werth erbyn hyn. Mi fydd hi'n gollad am y sioea bloda a chynnyrch gardd. Roedd y coliars yn falch o'u gerddi."

"Oeddan, ond dwi'n falch o weld bod y ffenestri wedi eu byrddu, tasa fo ddim ond o barch i'r hen goliars."

"Wyt ti'n meddwl y bydda'n well i ni fynd dros wal y lein rŵan a'i miglo hi ar hyd y Cob. Does gen i ddim isio mynd ar draws y drinfa carthffosiaeth acw."

"Tydan ni wedi crandio, d'wad?"

"Yn swelars o'n hwyl i ti. Rho hwb i mi ac yna mi tynna inna ditha i ben y wal. Does 'na ddim sŵn tren yn unman."

"Braidd yn fuan i'r Roial Mêl iti."

"Rydan ni'n ista ar ben y wal 'ma fel dau hogyn drwg wedi bod yn dwyn fala."

"Piti na fasan ni'n 'de?"

"Waeth inni heb, Twm. Mynd yn ei flaen ma' pob dim fel cath i gythral. Mae'n biti gweld yr Hafod Wen yn adfail erbyn hyn."

"Ydi. Tasa'r cerrig 'na'n medru siarad mi fydda 'na stori a hannar i'w hadrodd. Ond dyna fo, doedd gan Elin Wyn na'r plant ddim isio'r traffarth o rentu'r lle, ac mi prynwyd o gan ddieithriaid, ond roeddan nhw allan o'r lle cymaint, os nad mwy, na'r amser roeddan nhw yno fo."

"Diolch fyth nad oeddan nhw ddim yn'o fo pan aeth o ar dân."

"Pan losgwyd o, ti'n feddwl. Ma' 'na wahaniaeth, wys't ti. Ateb ... '- trais oedd o, meddan nhw, ond doedd 'na neb arall am 'i brynu o. ... damp ac isio gormod o bres i roi ryw *damp course* ac ati, Duw, ru... ... llwyth o dân yn cadw'r tamprwydd yn ei le yn reit didrafferth.

"Wnath o ddim byd efo'r lle wedyn."

"Naddo, ac roedd 'na rai yn ddigon blagarllyd i ddeud iddo danio'r lle ei hun dan glog llosgi tai ha, a'i fod o wedi gneud hylltod allan o'r insiwrin, ond dydw i ddim yn meddwl, rywsut, achos roedd ei blant o wrth eu bodd yn dŵad yno a chael chwara yn yr ardd a choed y Glasdir."

"Ia. Mi fasa fel nefoedd i blant o'r ddinas."

"Roedd hi'n neis meddwl am blant yn yr hen le hefyd. Does 'na ddim byd tebyg i blant i gynhesu hen esgyrn."

"Na'u colli nhw i ladd ysbryd dyhead chwaith."

"Sori, Huw. Doeddwn i ddim yn cofio am dy gollad di."

"Paid â phryderu, was. Mi fuest ti trwy'r un felin â finna."

"Ddim cweit. Chollais i ddim bopeth. Roedd Magi gen i, ac Elin Wyn a'r plant."

"Doedd hynny ddim run fath â Chatrin Eleri chwaith."

"Rwyt ti gystal â Meri Cocos am roi dy fys ar hen friw. Hawe, gad inni 'i heglu hi dros y lein am y Cob neu mi fydd yn amsar y blôr cyn i ni gyrraedd, a fedran ni ddim anghofio hwnna," ychwanega'n ddireidus gan giledrych ar Huw wrth iddynt neidio i lawr oddi ar y wal a chychwyn am y Caldu Mawr.

"Na f'dran," ateba Huw, gan ebychu dan ei guwch, "hyd dragwyddoldeb."

Wedi eu mynd, dechreua Aberlan ddadebru wrth i ambell gi ddechrau udo am na ŵyr am amgenach peth i'w wneud i styrbio stêm y dydd at frecwast, a chil-damaid iddo yntau. Byddai'r hen famau yn troi yn eu beddau o weld llawer iawn o'r dynion yn hwylio eu brecwast eu hunain rhag tarfu ar gwsg eu gwragedd ar amser mor anwaraidd o'r dydd; ond deil rhai yn driw i'r hen ddefodau fel petai'r bresen yng nglöyn eu bywyd yn gwrthod ildio i foderneiddrwydd a'i ffasiwn. Dechreua'r colomennod glowcian yn eu llofftydd ar waelod y gerddi wrth glywed sguthanod y llethrau yn cyhwfan eu rhyddid yn llygaid yr haul, ond gwyddant hwythau fel y coliars am foethusrwydd eu boliau llawn, ac nad ydynt am ffeirio caethiwed am beryglon a chrafangau newyn rhyddid.

Buan y cyrhaedda Huw a Twm ben y Cob fel ag y gwnaethent ar hyd eu hoes, heb fawr o drafferth, ac yna pwyso ar y gamfa gan edrych ar bont fawr y lein mewn syndod o weld bod rhaid cael goleuadau i fynd oddi tani erbyn hyn. Rhua lorïau enfawr deg tunell ar hugain tani gyda gosgordd o geir yr heddlu, a'u lampau'n fflachio wrth eu hebrwng i ddiogelwch y ffordd fawr.

"Ma' hi'n edrach yn hyll, Huw."

"Ydi. Ma'r N.U.M. wedi gwrthod symud y trena glo, weldi, felly ma'r lorïa'n cael diwrnod ffair."

"Wyt ti'n meddwl y rhoith y T.G.W.U. daw ar 'u chwara plant nhw?"

"Siŵr o neud iti. Gwaethygu wnaiff petha."

"Ti'n meddwl."

"Dim byd sicrach iti. Ma'r llywodraeth am ladd yr undeba iti, neu o leia 'u rhywmo nhw fel moch ar y twrnal lladd."

"Mi dynga dyn fod y cloc wedi ei droi yn ôl dros hannar canrif, a'r ciw uffernol yna wrth ddrws yr offis yn disgwyl am waith yn tagu bob gwrthdystiad."

"Be wyt ti'n ddisgwyl efo tair miliwn a hanner o bobol allan o waith."

"Cofia di, roedd yr undeba wedi mynd yn rhy eithafol o lawar, ac isio llywodraethu'r wlad heb gael eu hethol i neud hynny."

"Comis eto, Twm."

"Nacia. Eithafwyr o unrhyw gred, Huw. Perygl mawr eithafwyr a breuddwydwyr ydi credu mai ganddyn nhw, a chanddyn nhw'n unig mae'r weledigaeth fawr a'r gwirionedd i gyd, fel Moses yn dŵad i lawr o'r mynydd efo'r Gair."

"Dyn y llo aur fuost ti erioed, Twm."

"Doedd gwlad d'addewid ditha ddim yn llifeirio o laeth a mêl, chwaith. Mi lwyddodd pobol i sbwylio pob dim yn ddigon buan."

"Meidrol oeddan nhw, a rhesymol iawn oedd disgwyl i'r pendil fynd i'r pegwn arall wedi holl ormes y meistri. Anifail peryg ydi llygodan fawr wedi iddi hi gael ei chwipio i mewn i gornal. Gwae iti os gaiff hi frathu at waed. Ollyngith hi mo'i gafael ar chwara bach."

"Roeddwn i wedi disgwyl amgenach ganddyn nhw rywsut. Ond dyna fo ma'r bobol glyfar wedi bachu ar eu cyfla ac yn godro'r sefyllfa i'w pwrpas eu hunain."

"Roedd yna lawar iawn o bobol egwyddorol iawn yn arwain ac yn brwydro o bryd i'w gilydd."

"Oedd, ddyliwn. Fedra i ddim llai na dy weld ti'r funud yma yn sefyll wrth y bont 'na efo dy lyfr cownt a dy bensil godith-o-byth yn cael ei wlychu wrth wneud cofnod o bob cyfraniad."

"Doeddan ni ddim yn rhyw glên iawn wrthat ti yr amsar yna, a mi grigais i lond 'y mol, yn enwedig ar ôl i ti golli Catrin Eleri."

"Doedd gen inna fawr o feddwl ohonyn hwytha chwaith. Fel Huw a'i henshmen yn gwardio'n flacpadaidd wrth Bont y Lein roeddwn i'n meddwl amdanoch chi, mwya'r cywilydd imi."

"Roedd 'na hogia dewr yn eu plith nhw."

"Oedd, a chynffonwyr hefyd. Ma'n rhaid iti chwerthin o gofio mai rhai o'r dynion dioca'u gwaith oedd letaf eu cega. Duw! Mi roeddan nhw'n bwysig yn 'u hanwybodaeth."

"Ma' 'na ddrwg a da ym mhob carfan."

"Ond yng ngarfan yr Onars, ynde Huw."

"O wel. Dydyn nhw ddim yn cyfri fel pobol! Gelynod ydyn nhw ar groen gwareiddiad."

"Dyna ti'n mynd yn eithafol eto."

"Mae'n braf cael bwrw dy fol rŵan ac yn y man, a chael gwarad â hen gasnach."

"Roeddwn i'n meddwl mai ni oedd piau'r pylla."

"Cellweirus iawn, Twm. Ma'r swigan yna wedi ei borstio ers talwm. Llywodraeth gwlad ydi'r Onars, ac mae'r felltith wraig yna sy'n eu rheoli nhw am ennill y tro hwn, costiad a gostiad. Mae hi wedi gorfod ildio ddwywaith o'r blaen, a does 'na ddim maddeuant na thrugaredd yn ei henaid hi, fel baedd wedi'i glwyfo. Ma'r frwydr hon hyd anga, ac os enillith hi, mi glirith y llawr a phob gweithiwr yn y wlad, a fydd undebaeth yn ddim ond stamp rwbar yn 'i llaw hi."

"Feiddia hi ddim."

"Paid ti â chymryd dy siomi. Mi ddeudaist ti unwaith mai cythraul o beth ydi dyn ar ei doman. Dydy hynny ond chwarae plant bach yn iard yr hogia mawr os caiff merch oruchafiaeth ar y doman. Ma' ganddi hi ganrifoedd o israddiad a'i sathru dan draed i'w gael allan o'i chyfansoddiad cyn y medr weld ac ymdeimlo angan pobol erill. Ma' gwraig yn gymar da, ond uffarn o fistar creulon ydi hi."

"Ma' mistar ar Mistar Mostyn, meddan nhw."

"Oes, diolch i Dduw! Ond dim ar chwara bach y tro hwn. Ma' hi wedi bod yn cynllwynio hyn ers talwm, wedi gofalu am ddigon o gyflenwad o ynni, ac wedi penodi lleoliad ac amsar y frwydr. Piti bod penaethiaid yr Undeb wedi bod yn bytheirio mor gibddall gan adeiladu'r ddelw yn lle'r sylwedd, ac yna neidio i mewn i'r frwydr, fel hogia i afon yn sŵn a chlegar i gyd, ond yn druenus o hawdd eu clwyfo yn eu noethni."

"Does dim dichon dallt y dyn. Roedd y coliars wedi gwrthod dŵad allan ar streic iddo fo ddwywaith yn barod, a deddf gwlad yn erbyn y picedwyr crwydrol. Pa siawns sy ganddo fo i ennill a'r coliars yn torri gyddfa'i gilydd? Pam nad eiff o am bleidlais a fydda 'na ddim problem wedyn?"

"Fydd dim rhaid iddo fo. Ma' petha wedi mynd yn rhy bell. Gwaethygu wnaiff hi, a chau fydd hanes pob pwll. Fedrith yr undeba ddim fforddio gadael iddi ennill hon er yr holl weiddi a'r sgrechian, ma'r sgotsus yn yr olwynion eisoes, ac fe rygnith y rhan helaeth o ddiwydiant i ffwl stop yn wichlyd yn hwyr neu'n hwyrach. Tasa'r ddau wedi dysgu'r cyfrwystra o blygu gyda'r gwynt, mi fyddai gobaith o gyfaddawdu, ond phlygith derwen byth nes iddi gael ei diwreiddio yn hollol ddiseremoni, a'i hurddas yn ddim ond atgof gwamal."

"Duw! Un da fuost ti efo geiria erioed, Huw. Fel tasa'u sŵn nhw yn fiwsig i dy glust ti, rywsut."

Tyrr oernadau'r blôr ar draws eu parablu, ac ar draws hynawsedd heulwen y bore fel ebychiadau Bachusaidd o'r loddest danddaearol. Â llaw Huw i'w boced dop yn reddfol ac egyr eu dun wats, cyn gollwng ochenaid o ryddhad.

"Blôr bump?"

"Ia."

"Wyt ti'n meddwl y byddai'n well i ni fynd at drofa'r gwaith ar ben y ffordd fawr i weld pa fath olwg sydd ar betha?"

"Ia, ddyliwn."

"Hawê, 'ta."

Dechreua drysau Aberlan agor yn llechwraidd, ond digon prin yw'r cofio caredig a'r gusan. Ni chlywir sŵn clocsiau ar fetel y palmant wrth iddynt gyrchu eu mannau aros am y bws, ond yr un yw'r pesychu fflemsiog ag a fu ar hyd y blynyddoedd. Mae hwnnw wedi ei ffosileiddio yno hefyd. Ni ddengys yr wynebau y frwydr erchyll sy'n mynd ymlaen yn y calonnau, gan eu bod mor styfnig â glo'r Stoncol a charreg eu cariad mor dwyllodrus beryglus â rŵff y Ddwylath. Gwyddant ym mêr eu hesgyrn y bydd dinistr wedi'r holl waldio. Felly y bu hi erioed, fel pe bai gwaed gwirion wedi ei daenellu ar y traeth cyntefig unwaith, a dial yn dal yn dew yn ei awyr. Nid oes cyfarch gor-galonnog heddiw hyd yn oed, fel ag y bu ar y dechrau cychwyn, gyda phawb yn lapio ei feddyliau a'i deimladau fel hugan hud o'i gwmpas, a hyd yn oed gyrrwr y bws o bawb dan haul y nef yn gwrthod siarad â nhw, fel petai o â'i swydd eistedd ar din yn rhywun o bwys ym myd dynion.

Saif Huw a Twm ar wal tŷ Saunders er mwyn cael golwg go iawn ar bob dim sy'n mynd ymlaen, er byddai hwnnw'n troi yn ei fedd o weld ei ardd, yr oedd mor frôd ohoni, wedi ei throi yn barc gwerthu carafanau. Saif plismyn ar gŵr y ffordd mewn deg rheng o ddyfnder, yn cadw coliars y De oddi wrth y fynedfa i'r pwll. Sarugant hwy eu cynddaredd ar y plismyn, ac yn fuan rhaid galw am ychwaneg o blismyn i'w cynorthwyo. Dônt hwy o'u cuddfan garafanog gan fartsio'n brofoclyd filitaraidd yn stiff ac anhylaw, fel pe bai eu breichiau a'u coesau yn perthyn i gorff arall. Yna taflu eu hunain i'r sgarmes nes bod y bylchau wedi ei hailfeddiannu drachefn, a'r bloeddio o'r tu arall iddynt yn cynyddu i'w anterth wrth iddynt weld ambell gar yn chwyrnellu heibio i'r llinell denau o bicedwyr a ganiatawyd gan yr heddlu. Edrychant yn dila gynddeiriog yng nghanol cynifer o blismyn, ac ni chymer y coliars fawr o sylw o'r bloeddio aflednais wrth iddynt sbarduno ar hyd y ffordd i'r gwaith.

"Dwi'n crugo 'nghalon dros Llywelyn Marc yn ceisio arwain y rhain."

"Wel, doedd dim rhaid iddo fo fynd i lawr y pwll, a digon o allu yn ei ben o. Mi ofidiodd lawar ar Magi."

"Do, dwi'n gwbod. Ond roedd o yn 'i waed o, a'r Undeb yn faen sylfaen ei fywyd. Yn wahanol iawn i'w daid!"

"Roedd o'r un mor styfnig beth bynnag, ond newidiwn i ddim dau le efo fo heddiw am bensiwn. Mae o'n ddigon call i weld iawndera'r dynion ar y ddwy ochor, ond fel un o'r arweinyddion mae'n rhaid iddo fo ddangos ei ochor o blaid yr Undeb."

"Ma' 'ma hogia da yn sefyll ac yn diodda wrth ei ochor o."

"Oes, a ma' 'na rai eraill yn defnyddio'r sefyllfa i dynnu sylw at eu hunain, yn fi fawr i gyd. 'Drycha di ar nacw wrth ochr y sarjant 'na, dydy hwnna ddim yn 'i waith hannar ei amsar."

Cynydda dwndwr y picedwyr wrth i'r bysiau agosáu, a'r heddlu gyda'u jo-droi siarad a chlywed yn eu galw i mewn fesul un ac un i ddadlwytho ar ben ffordd y gwaith am nad yw'r gyrwyr yn barod i groesi'r piced swyddogol. Daw faniau'r pwll i hebrwng y dynion fesul llwyth, ond rhaid iddynt ddioddef gwawd a dirmyg y picedwyr cyn medru dianc i gyfeiriad y Caldu Mawr a'i dwll du.

Try ambell un yn ôl mewn cywilydd neu ofn, ond ychydig iawn ydynt. Croesewir hwynt fel arwyr yn dod adref o'r Rhyfel Mawr gan y picedwyr. Rhyfedd wrth i wythnosau'r streic gynyddu sut y cynyddodd y papurau meddyg yn swyddfa'r Caldu Mawr hefyd.

Wedi i'r faniad olaf fynd o'r golwg dan Bont y Lein, llacia'r tyndra ac aiff y rhan fwyaf o'r picedwyr yn ôl i'w bysiau i gysgu erbyn stêm y pnawn, a'r heddlu hwythau i'w carafanau gan adael prin ddwsin i warchod y ffordd wag.

"Waeth i ni 'i hel hi tuag at y Caldu, ddyliwn."

"Does dim brys. Ma' 'na deirawr tan y blôr naw."

"Mi awn ni'n ara deg bach 'ta, a gweld faint chwanag o newid sydd wedi bod ar yr hen le."

"Mi fedrwn ni gael golwg ar y pwll drifft newydd."

"Ia, mi fydd hynny'n reit diddorol. Rhyfadd sut mae dyn yn medru gwyntu'r aer nwy wrth edrach ar y lle."

"Hen hogla afiach."

"Ddim hanner mor afiach â'r drewdod yna ar ben y ffordd fawr."

"Mae gan y dynion yr hawl i bleidlais genedlaethol, gan 'u bod nhw wedi dewis gweithio trwy bleidlais yn y lle cynta."

"Oes, ond does ganddyn nhw mo'r hawl i groesi'r llinell biced swyddogol. Mae'r rheol honno yn hanfodol i'w chadw."

"Ddim os ydi'r picedu yn anghyfreithlon."

"Chroeswn i mo'r llinell biced tasa hi'n cynnwys dim amgenach na chwe mwnci, os bydden nhw'n dal cardyn y llinell biced swyddogol o flaen fy ngwyneb i."

"Roeddwn i'n crugo 'nghalon dros Marc. Dydi o'n plesio neb fel hyn, a bydd 'na gythgam o waith i gael y dynion i gydweithio efo'i gilydd ar ôl hyn."

"Paid â phryderu gormod amdano fo. Mi fyddan nhw i gyd ar yr un ochor cyn bo hir."

"Ti'n meddwl."

"Dim byd sicrach i ti."

"Mi fydd o'n rhy brysur i fynd i'r fynwant heddiw, ddyliwn."

"Dydi o ddim wedi anghofio'r diwrnod unwaith ar hyd y blynyddoedd, chwara teg iddo fo."

"Dwi'n gwbod, ond ma' llond 'i haffla o drwbwl ganddo fo heddiw."

"Mi gawn ni weld. Hawê i ni gael sbecan fach ar y drifft newydd, a gweld fedrwn ni fod wedi gwneud yn well."

"Siŵr o fod i ti, a ninna'n dau'n gymint o giamstars."

Chwyrlïa olwyn ben pwll y Caldu Mawr yn ddidostur gyflym wrth i'r tybia gael eu cludo i blatiau ben pwll cyn cael eu sgybyrnu i'r troellwr i'w gwagu ar y belt cylchog i'w rhidyllio yn y sgrîns. Sŵn gorddio yn mwydro awel y bore yn drwm ar glust, a chlychau'r soni fel cnul eglwysig yn galw'r ffyddloniaid.

Croga manlwch glo yn yr awyr gan ddyfru llygaid a rhygnu ysgyfaint fel papur emeri ar friw agored. Mae pob dim yn sŵn a siegio symud i gyd fel pe na bai yfory i fod.

Yng nghanol y dwndwr aflednais saif y ddau gan edrych yn ddistaw ar gêr weindio pwll nymbar won, sydd wedi ei israddio gan y pwll newydd i swyddogaeth pwll y ffan, ond yn eu llygaid hwy deil i droelli hyd nes i'r blôr naw riddfannu ei ofid dros y bae drachefn. Toc, gwelant y rhedeg a'r rasio ynfyd, a'r clystyrau gwragedd yn brysio ar hyd y Cob i weld maint eu hargyfwng. Cyn hir daw dieithriaid fel penwaig i ddŵr hallt i loetran yn obeithiol, i wledda ar dristwch gweddwon, a dwylo'r clerigwyr yn gwamalu'r gwynt.

Ni symuda'r ddau i helpu nac i liniaru cur, ond sefyll yno'n fud i gofio a chydgyfranogi unwaith eto, tra aiff y pwll yn ei flaen heb synhwyro eu bod hwy yno.

"Wel, dwi'n meddwl ei bod hi'n amsar i ni 'i symud, hi, Huw."

"Cer di. Mi stedda i yma am sbelan fach arall."

"Paid â mwydro dy ben ormod."

"Wna i ddim."

"Dwi'n meddwl yr a' i yn ôl heibio i dŷ Saunders, a sbio dros wal y cefn fel y gwnes i ers talwm. Mi blesith hynny Magi i'r dim. S'long Huw. Wela i di flwyddyn nesa eto."

"Ia. Hwyl i ti. Cofia fi at Magi."

"Siŵr o neud i ti."

"Wyt ti'n mynd i ista yn y gadair yna drwy'r dydd, Llywelyn Marc?"

"Mi s'muda i erbyn stêm y pnawn."

"Gwnei, ddyliwn! Rwyt ti'n cofio pa ddiwrnod ydi hi heddiw, ddyliwn?"

"Sut fedrwn i byth anghofio, d'wad?"

"Dwyt ti ddim wedi bod yn y fynwant, beth bynnag."

"Petha pwysicach ar droed."

"Wnei di ddim madda i ti dy hun os nad ei di."

"Paid â phrofocio, wraig."

"Oes gen ti ofn, a chywilydd sefyll uwch ben bedd Twm a Huw heddiw?"

"Paid â gwamalu . . . ond wnes i ddim mynd i ordro'r rithoedd."

"Mi wnes i. Maen nhw yn y llofft gefn."

"Cer di efo nhw 'ta. Ma' gen ti fwy o amsar i betha'r gorffennol na brwydra'r presennol."

"Roeddwn i ar fai yn ceisio dy berswadio di i beidio mynd ar streic. Dwi wedi meddwl yn ddifrifol dros y peth."

"Dydi hynny ddim yn deud fod rhaid i mi fynd i'r fynwent yna."

"Nac ydi. Ond os doi di, mi ddo i efo ti ar y piced pnawn yma."

"Fasat ti'n sefyll efo ni?"

"Mi ddo i beth bynnag wnei di am y fynwant. Hwyrach y daw chwanag o'r gwragedd wedyn a chodi cywilydd ar y ddwy ochor ohonoch chi, a gwneud i chi i gyd ymddwyn fel dynion, yn lle'n bod ni'n golchi'n dillad budron yng ngŵydd y wlad i gyd."

"Reit, mêt. Dos di i nôl dy gôt ac mi a' inna i nôl y rithoedd. Ma' digon o amsar gyda ni, ond awn ni ddim i lawr yr allt am fod y Sowthis yn fan'na. Mi awn ni lawr trwy goed y Brêc."

"Mi fydd o fel yr hen amsar pan oedden ni'n caru."

"Bydd, a welith neb ni ffordd yna. Fan'na fydda Nain yn mynd i garu ers talwm, medda hi."

"Hawê 'ta, gad inni fynd i gynhesu hen esgyrn."

"Ia, a rhoi tsharj newydd yn y bateris."

Y Rhyl Heddiw

Emyr Roberts

Pan soniwyd yn ein tŷ ni draw wrth odre'r Eifl lawer blwyddyn yn ôl ein bod am symud i'r Rhyl, ymateb John, saith oed, ydoedd, "Dyna syniad: i ble'r awn ni wedyn am drip?" A dyna oedd y Rhyl i genedlaethau o blant ardaloedd Gogledd Cymru — cyrchfan gyfareddol diwrnod mawr trip yr Ysgol Sul. Yno yr oedd hudoliaethau lawer. Dyna ffair drystfawr y Marine Lake lle y caech chwyrnellu'n glonciog ar y *figure eight*, i fyny dros y trumiau ac i lawr i'r pantiau a rownd y troadau i'r

Harbwr y Foryd yn y Rhyl a'r ffair yn y cefndir.

(Llun: F. B. Hamilton)

Cynaeafu ar dir ffrwythlon Dyffryn Clwyd.

(Llun: F. B. Hamilton)

chwith ac i'r dde a'ch gwynt yn eich dwrn. Neu caech fod yn Stirling Moss am ddeng munud yn hyrddio a chwyrlïo a chydwrthdaro yn y ceir bach gwyllt o dan fflachiadau'r mellt. Os oeddech yn rhy fawr i gymryd eich codi i gyfrwy un o'r mulod a'ch tywys ryw ddegllath gwta ar y tywod uwchben traed oediog yr anifail bach gwylaidd a gwâr, doeddech chi ddim yn rhy fawr i dalu'ch chwech yn eiddgar barod i ddyn y beiciau ar y prom am gael chwysu cicio rownd ei libart, er bod gennych feic gartref a gwlad lydan i'w reidio.

Dyna'r cyfarfyddiad cyntaf â'r Rhyl i filoedd, nid yn unig o Gymru, ond hefyd o rannau helaeth o ganolbarth a gogledd Lloegr. A threflan adloniadol yw hi i'r rhai hyn; lle i ymwthio trwy'r torfeydd, yn llyfu hufen iâ, yn llygadu genod yr hetiau "Cusanwch fi ar unwaith", yn ffroeni sglodion tatws a *beefburgers* yn sŵn byddarol hyrdi-gyrdi a llafarganu y parlyrau bingo. Dowch imi gydnabod bod Bae Colwyn yn barchusach a thawelach lle, a Llandudno yn llawer urddasolach na'n treflan

179

bowld ni. Dyma'r dref fwyaf gwerinol o'r trefi gwerinol, man gwyliau proletariat diwydiannol bröydd y llestri a'r glo a'r cotwm; ie, o Loegr.

O Loegr, yn wir, gan mwyaf y gwladychwyd y gwastadedd tywodlyd hwn nad oedd yma hyd ddyddiau'r rheilffordd fawr mwy nag ambell dyddyn pysgotwr rhwng tir amaethyddol bras gwaelod Dyffryn Clwyd a thraethau'r môr. A Saeson a fu'n llifo yma ar hyd y blynyddoedd, heddiw yn fwy nag erioed. Mae cymaint ohonynt, onid oes, a chyn lleied ohonom ni! Ac mae ganddynt gymaint o dwrw, onid oes, a ninnau'n bobl mor swil! Cosmopolitaniaeth y Rhyl yma sy'n eich taro o hyd. Mae gweinidog yn gweld hynny wrth ofyn i hwn a'r llall o ble heddiw y daeth o neu hi i'r cynhebrwng yma yr ydych yn gweinyddu ynddo. Byddant yn llythrennol wedi dod o bob cwr o Brydain. Pobl o bob man yw trigolion ein tref ni, a llinellau cyswllt eu bywydau yn arwain allan o'r dre i bedwar pwynt y cwmpawd. Gan hynny, cymdeithas o bobl ganolffo braidd ydym. Mae hynny'n llai gwir, efallai, am y Cymry, ond pobl ddŵad ydynt hwythau. O ryw ddeugain sy'n aelodau o Gymdeithas yr Hafan Deg, er enghraifft, dim ond un sy'n enedigol o'r Rhyl.

Beth sy'n tynnu pobl yma? Yn un peth, yn ddiau, y ffaith mai yma y mae traeth gorau trefi glannau môr Gogledd Cymru. Wedyn, dydi'r gerddi a'r blodau ddim yn ail i rai unman. Ar ben hynny, y gongl hon yw'r lle y ceir lleiaf o law a mwyaf o haul yng Nghymru, ac un o'r lleoedd gorau am dywydd braf trwy'r deyrnas i gyd.

Ac y *mae* yma Gymry. A chystal Cymry, os cawn frolio, ag a gewch chi yn unman. Efallai bod yr hen wireb ddadleugar, "Gorau Cymro, Cymro oddi cartre" yn dal amdanom. Oherwydd ein bod yn byw mewn môr o Seisnigrwydd dichon ein bod yn fwy ymwybodol o'n Cymreigrwydd nag ydi'n cyd-wladwyr yn y bröydd Cymraeg. Onid yma y cafwyd sêl i sefydlu'r ysgol uwchradd Gymraeg gyntaf yng Nghymru? Onid Ffred Ffransis, un o'r dref hon, yw un o'r prif ffyliaid a dynnodd yr iaith oddi ar y seld a gwneud egwyddor ohoni, a chael gweld carchar am ei anfateroliaeth? Ac onid yma y maged y Prifathro Tudur Jones, amddiffynnwr a hyrwyddwr galluog a huawdl popeth gorau ein cenedl? Oes, mae Cymry hefyd wedi gwladychu'r clwt o Seisnigfa hwn. Cofier, yn gefn i'r iaith yn ein tref y mae Dyffryn Clwyd, y darn gwlad a roes inni iaith y Beibl fel y rhoes Sir Gaerfyrddin inni iaith yr emynau. Ac o'r wlad, rhyngom a mynydd-dir Hiraethog mae'n llifo — neu'n hytrach yn diferu yma — ffrwd denau, gyson o Gymry o waed coch cyfan.

Asgwrn cefn bywyd Cymraeg y dref yw'r capeli Cymraeg, saith ohonyn nhw hyd yn ddiweddar, chwech bellach. Rhaid inni bledio'n euog mai prin o ruddin diwinyddol a phrin o sêl efengylaidd ydi'n heglwysi fel, ysywaeth, y rhan fwyaf o eglwysi Cymru yn y chwarter olaf hwn o'r ugeinfed ganrif. Efallai mai i'n ceidwadaeth y mae'r diolch bod ein cynulliadau yma, ac yn Nyffryn Clwyd, drwodd a thro, yn llawn gwell nag mewn llawer lle: oherwydd gwlad geidwadol ydi hon er gwaethaf llafur Thomas Gee a Gwilym Hiraethog yn eu dydd. Bu'n capeli ar hyd y blynyddoedd yn cynnal eu cymdeithasau

Y gwanwyn a'r ŵyn ar lethrau Hiraethog.

(Llun: F. B. Hamilton)

181

Dyma gartref Y sgol Uwchradd Glan Clwyd bellach ond cafodd ddau gartref arall cyn symud i'r adeiladau hyn. Cychwynnodd yn adeiladau yr hen ysgol 'Emmanuel' yn y Rhyl cyn symud y flwyddyn wedyn i hen Goleg Epworth ar gyrion y Rhyl. Y msefydlu yno rhwng Medi 1957 a Gorffennaf 1969 cyn symud unwaith eto i Lanelwy a'r adeiladau hyn y mae eu carreg sylfaen yn nodi iddynt gael eu codi ym 1877. Yma yr ymgartrefai Y sgol Ramadeg Llanelwy tan i'w phlant gael eu trosglwyddo naill ai i Ysgol Uwchradd Dinbych, Ysgol Uwchradd Abergele neu Ysgol Uwchradd Prestatyn yng nghyfnod sefydlu'r egwyddor o addysg gyfun i bawb yng Nghlwyd yn niwedd y chwedegau.

(Llun: F. B. Hamilton)

Dyma Ysbyty newydd Glan Clwyd ym Modelwyddan.

(Llun: F. B. Hamilton)

182

llenyddol a'u heisteddfodau, a bellach maent wedi uno yn y gweithgareddau hyn. Cafodd Cymreictod yr eglwysi gefn mawr yn yr ysgolion Cymraeg, Ysgol Gynradd Dewi Sant ac Ysgol Uwchradd Glan Clwyd. Cyn eu sefydlu hwy gellid dweud mai cymwynas amlwg yr ysgolion yma â phlant o Gymry oedd eu troi'n Saeson. Dyna oedd i gyfri am amlder y wyrth yng nghartrefi'r dref o rieni uniaith Gymraeg yn magu eu plant yn Saeson uniaith. Ni ddigwydd hynny mwyach. Yn hytrach ceir rhieni o Saeson yn selog am ddysgu'r Gymraeg er mwyn medru deall eu plant sydd yn yr ysgolion Cymraeg.

Y gymdeithas a roes yr hwb cyntaf i ddwyn yr Eisteddfod yma y tro hwn fel ym 1953 yw'r Cymrodorion sydd wedi gwreiddio yma ers llawer o flynyddoedd. Yna, mae Merched y Wawr yma ers dros ddeng mlynedd. Rhyfedd yw meddwl mai yn y lle Seisnigedig hwn y ceir Is-Lywydd a Thrysorydd cenedlaethol y Mudiad. Sefydliad diweddar yw Cymdeithas yr Hafan Deg, a gamenwyd gan rywrai yn Gymdeithas yr Ara Deg. Os dowch yma i fyw, ac os bydd lle yn y gymdeithas, mae'n bosib y cewch ddod i berthyn iddi ar dri amod: eich bod yn ddyn (pam lai mwy na Merched y Wawr?), eich bod wedi ymddeol, a'ch bod yn Gymro Cymraeg. Na, peidiwch â choelio yr hyn a ddywedir bod y byrfoddau BBC (*Bingo, Beer and Chips*) yn ddiffiniad o fywyd heulog y Rhyl. Cewch weld wythnos yr Eisteddfod mai enllib maleisus yw'r fath ddweud.

Cyfarchion

I enillwyr y Brifwyl (Môn 1983)
ar achlysur eu croesawu adref i Ddyffryn Clwyd

Aled Rhys Wiliam

Ninnau ddown yn niwedd haf
I gongl las Tegeingl isaf,
I rywiog ardd yr Awen —
Craidd ei llys, plas cerdd a llên,
A'r sail lle mae'n preswylio
Yn nhrwch hyfrydwch y fro.

Cael o ddiffaith Clawdd Offa
Ryw bêr hud a hir barha —
Rhyw swyn a gras yn y grug
A'r hedd ar Foel Hiraddug:
Bro a hadau ysbrydiaeth —
Creadigol, farddol faeth.

Brolier dawn 'rhen Barlwr Du
I gynnal Band i ganu;
Eleni côr Trelawnyd
Biau'r gamp a'r wobr i gyd;
Daw bri hefyd o brofion
Llafur iaith — llefaru hon.

Gwelir troi y galar trwm
Diffrwyth yn danbaid offrwm:
Dau frawd fu'n diofrydu
Rhoi popeth er geneth gu,
Brodyr o'r un ysbrydiaeth
I hon, gan gofion yn gaeth.

Blaenaf o blith ysblennydd — ymgeiswyr, —
    Magasant adenydd;
    Llawen Clwyd a llawn clodydd,
    A mawl pur er dathlu'r dydd.

Deialog

John Idris Owen

"Ia, ond y cwestiwn sy' gin i ydi hyn, i be ddiawl mae *Welsh* yn dda i neb 'dyddia yma."

"Does 'na ddim ateb syml . . ."

"Wel i uffarn o ddim ddeuda i, yn enwedig y tu draw i Glawdd Offa, a ta' hi'n mynd i hynny, chydig ar y diawch ydi 'i gwerth hi yn y Dyffryn 'ma."

"Ia, ond gwerth ym mha ystyr?"

"Un ystyr sy' 'na i werth — pres, *cash*, bara menyn, bywoliaeth."

"Mae 'na fwy i iaith na gwerth . . ."

"O mi wn i 'n iawn am y'ch lot chi . . . titchars a gweinidogion yn hel bwyd i'w bolia'u hunain, ond ma'r byd wedi newid. Roedd *Welsh* yn iawn i bobol fel 'rhen wraig 'y mam, capal, sîat, cwarfod gweddi ac ati, ond os ydach chi ishio codi uwchlaw baw sowdwl rhaid i chi gael *maths* a *science* a *computers*— dydi *computers* ddim yn siarad Cymraeg."

"Mi fedr cyfrifiaduron siarad unrhyw iaith — mater o fwydo gwybodaeth addas, rhaglennu . . ."

"Gwrandwch! Waeth i chi heb na trio iwshio geiria mawr efo fi, dyn cyffredin ydw i, ond mi ddeuda i gymaint â hyn, mi rydach chi a'ch bath fel *ostrich* efo'ch penna yn y tywod. *Economics*, hwnna ydi o, a dydi *Welsh* ddim yn *economical*."

Pwysodd ar y bar ac yfed llwnc sylweddol o'i bot peint i gloi'r ddadl un waith ac am byth. Doedd o ddim yn ddyn atgas o gwbl, er bod ei agwedd yn ymosodol. Y gwir oedd fod hanfodion priod-ddulliau'r Gymraeg yn britho'i iaith, ac mai ambell air Saesneg mewn patrymau naturiol Gymraeg oedd yn tarfu ar y mynegiant hwnnw. Dylanwad beunyddiol dylifiant y diwylliant Saesneg oedd yn erydu ei iaith ac yn cyflyru ei agwedd.

"Ond mae 'na werth masnachol i'r Gymraeg . . ."

"Peidiwch â siarad mor wirion, ddyn."

"Mae 'na swyddi a galwedigaethau . . ."

"Dysgu Cymraeg, pregethu — ac mae pregethwrs yn marw allan o'r tir — a be arall?"

"Nifer helaeth o swyddi . . ."

"Enwch nhw 'ta, ac am bob un enwch chi mi enwa i gant o *jobs* lle mae ishio Saesneg."

"Teledu . . ."

"*Television*! Rybish noeth. Drychwch ar *S4C*, pwy ond llond dwrn sy'n edrach ar 'u programs nhw."

"Be am Superted?"

"Be amdano fo?"

"Mae'r cartŵn yma'n llwyddiant ysgubol. Nid yn unig maen nhw wedi'i werthu o ar hyd a lled y byd, gan gynnwys America, ond mae 'na nifer o fusnesau llai wedi codi yn sgîl y llwyddiant — gwneud teganau, crysau chwys . . ."

"Ydach chi'n meddwl deud wrtha i 'i fod o'n gneud pres?"

"Ydw, miliynau o bunnoedd."

"Iesgob."

"Ac fe ellir dyblu a threblu'r elw dros gyfnod o flynydd-oedd."

"A gneud rhagor o bres . . . wel! ella bod gynnoch chi boint yn fanna."

Ac mewn amrantiad, fe roddodd Tedi Bêr bwrpas a sylwedd i'r iaith Gymraeg.

Emyn y Terfyn

Lewis Valentine

Maddau feiau'r bore gwridog,
   Maddau feiau'r hy brynhawn,
Maddau feiau'r hwyrnos freuol,
   Maddau feiau f'oes yn llawn:
     Arglwydd Iesu
Estyn im sancteiddiol ddawn.

O! na byddai peraroglau
   Bywyd gloyw'n dwyn fy mryd,
Ac uniondeb gair a gweithred
   Yn pelydru ar bob pryd:
     Rho im wanwyn
Wrth ddibennu teithio byd.

A phan ddelo'r wŷs ddiwrthod
   I lonyddu miri'r oes,
Ac arafu pob hwsmonaeth,
   A distewi hoen a loes:
     Y pryd hwnnw
Digon fydd llifolau'r Groes.